レーニンの誤りを見抜いた人々

―ロシア革命百年、悪夢は続く―

鈴木　肇

もくじ

もくじ

もくじ

まえがき

この本は、ロシアの穏健社会主義の要人たちの生涯、思想、業績を中心とする評論集である。二〇一七年のロシア革命百周年を前に、革命史見直しの一環として書き上げた。要人たちとはプレハーノフ、アクセリロード、ポトレソフ、ペシェホーノフ、ニコラエフスキーその他である。

彼らは最初から穏健社会主義者だったわけではない。「ロシア・マルクス主義の父」プレハーノフは正統派マルクス主義者で、ドイツ社民党の理論家ベルンシュタインが唱えたいわゆる修正主義には、ドイツ社民党首脳以上に激しく反対した。またポトレソフはのちの共産党首領レーニンの同志で密接に協力していた。最も穏健なペシェホーノフでさえ、若い頃には非合法党派の「民権党」を支援して投獄されている。彼らの思想はどのように進化したのであろうか。

またこの本ではマルクス主義者から自由保守主義者に変わった大物思想家ストルーヴェと、彼が協力し助けた白軍の名将ウランゲリを取り上げた。彼らは白軍最後の拠点クリミア半島で、土地改革など一連の改革を行った。さらに、この本ではドイツとロシアの社民党を比較し、両党の明暗を分けた事情を論じた。

ここでまず指摘しておきたいのは、わが国では社会主義と共産主義が混同されがちなことだ。これは一つには、ソ連が「共産主義を建設しつつある社会主義国家である」と称していたことによる。マルクス、レーニンらの教義では、社会主義は共産主義のより低い段階とされていた。そしてマルクスは「共産党宣言」(一八四八年)で公然と共産主義者を名乗った。またレーニンは社会民主労働党に身を置き、ボリシェビキ(多数派)と称していたが、一九一七年に武装蜂起によって政権を樹立すると、翌年には党名を共産党と改めた。レーニンの暴力革命と一党独裁路線に、社会主義諸党は激しく反対したのであった。

レーニンの後継者スターリンの独裁体制下で、ソ連社会主義は大ロシア国家主義に変質した。これはにせものの「社会主義」であり、ロシア内外の社会主義者にとってはまことに迷惑なことだった。ソ連共産党は一九九一年にあっけなく解散に追い込まれ、民族主義的なロシア連邦共産党が国会で一定の議席を占めるようになったが、ソ共の負のイメージは林立した社民諸党派にも悪影響を与えた。社会主義思想全般が人気を失い、民主社会主義による国家再生の試みは挫折した。

次に指摘したいのは、ソ連で出版された革命史はほとんどが《偽書》だったということだ。それは権力闘争での勝者の側からの英雄物語だった。ソ連共産党の一党独裁のもとでは、支配体制側に少しでも都合の悪い史料は、公文書館や図書館の特別保管所にしまいこまれた。特別の許可なしには、研究者が見ることはできなかった。そのうえ帝政時代よりきびしい出版物などの検閲制度があった。改革指向の研究者たちは、スターリン死後の一時期とゴルバチョフ時代（一九八五―九一年）の政治情勢の緩和に乗じて、慎重に苦労を重ねて歴史の見直しを行ってきたのだ。

残念ながらわが日本では、このような事情はほとんど知られていない。「いつわりの歴史」の影響は歴史書に、とりわけ学校教科書にまでおよんでいる。ロシア革命とソ連創建者レーニンは、おおむね肯定的に扱われている。これはソ連からの多数の政治亡命者という生き証人がいて、豊富な社会運動史料を自由に調べることができた欧米とはおおいに異なる点である。

またかつては日本の世論形成に大きな影響を与えていた学者、知識人は一般に、ロシア革命を観念的、抽象的にとらえて理想化していたきらいがある。彼らは一九一七年の二月革命と帝政の終わりを歓迎したが、それに伴う社会秩序の崩壊の恐怖を知らなかった。犯罪の激増、掠奪、虐殺、リンチ（私刑）、地主の土地の強奪など、混乱はすさまじいものだった。いわゆる十月革命後の国内戦は状況をさらに悪化させ、大飢饉、伝染病の広がりなど、国をまったく荒廃させた。

ロシア国民が体験したこの大惨事を日本の知識層は経験しなかったし、同じ状態に置かれたら、とても耐えられなかったであろう。日本ではこのような実態を知らないまま、多くのことが書かれ、語られていたようである。それから百年あまり、悪夢はなおも続いている。


ソ連崩壊後、エリツィン政権下で制定されたロシア連邦憲法は市民の自由と権利をたっぷりとうたっていた。その半面、大統領に強大な権限を持たせる権威主義的な基本法でもあった。エリツィンが大統領令をおびただしく乱発したのは、その現れである。

彼の政権では自由化の時期はあったが、経済失政に加えて汚職がはびこり、彼は事実上、政権を投げ出した。

そのあと二〇〇〇年から続いているプーチン政権は、豊富な石油、天然ガスの輸出価格の値上がりで経済を好転させはしたが、政治は大統領と側近による強権統治となった。マスコミ支配による情報統制、自由の抑圧、大国排外主義の扇動など、新たな専制政治の傾向が強まった。ウクライナ領クリミアの併合、独立国ウクライナの主権侵害など、帝政時代とソ連時代の行動さながらの強引さが目立つ。

われわれにとって最も問題なのは、プーチン大統領がクリミアとウクライナへの強硬策により、ロシア人大衆の間で異常に高い支持率を得たことだ。これは彼が強権統治を続けるために、大衆の心理を巧みに利用したのである。ソ連解体によって、ソ連邦を構成していた十五の《社会主義》共和国は独立国となった。そのため現ロシア連邦の人口は旧ソ連とくらべて半減し、一億四千万人余となってしまった。日本とあまり変わらない人口数である。ソ連の支配民族だったロシア人大衆の間には、ソ連解体を残念がり、失われた領土を回復したいという願望がある。

明敏なプーチンはこのような大衆心理に乗じて、すでに親西欧志向のグルジアに軍を侵攻させ、その二地域を事実上、ロシアに組み入れた。今後も親ロシア住民の多い地域は、分離と併合の脅威にさらされそうだ。

しかし、こうした強硬策で、彼は大衆の支持をいつまでもつなぎとめることができるのだろうか。問題はプーチン大統領の目指す科学技術革新によるロシアの現代化と強大国化は、強権統治のもとでどこまで可能なのかということだ。そのために必要なのは国の抜本的な改革であり、自由と民主主義の発展なしには改革は成功するまい。国粋主義による扇動と反欧米姿勢を続けていては、国を刷新することはできないだろう。

もともとロシアは後発国ではあったが、資源がとても豊かで、すぐれた素質のある知識層と勤労者を持つ大国だった。それが21世紀になっても、中国、ブラジルその他の「新興国」の列に加わり、本物の「先進国」の仲間入りができないのは、まことに惜しむべきことだ。政治の分野でも国会は体制側与党と準与党が議席の大半を占めていて、社会主義野党は一議席もない。これは近隣のヨーロッパ諸国とは大きな違いである。この点でもロシアは立ち遅れてしまった。

しかし、前途に望みがないわけではない。ロシアでの資本主義が正常な発展をとげるようになれば、当然、中産階層が増大する。法律家、医師、技師、教授その他の専門職への需要は増大し、国家の運営での彼らの比重はますことになろう。この階層こそ穏健社会主義よみがえりの基盤となり得る。要は彼らがロシアの歴史を、特に穏健社会主義の歴史を学び直し、自由・民主・愛国・公正に基づくロシア国家の再生に、積極的な役割を果たすことになるかどうかである。

帝政以来、今日までのロシア史はおおむね、改革、反改革の政策の交替期を繰り返してきた。いまのプーチン時代を「反改革・守旧の時期」とみるならば、次にくるのはどんな時代なのか。ロシア内外の動きを長い目で、大局的に見まもる必要があると思う。

平成25―26年に書き上げた本書は、私が恵雅堂出版から発行した三番目の著書である。麻田平藏会長、麻田恭一社長、宮明正紀氏をはじめ、同社の皆様には大変お世話になった。心からお礼を申し上げる。また私が多年、ロシア研究に専念するのを支え助けてくれた亡き妻・鈴木麗子、鈴木俊子にこの本をささげる。併せて元職場のかたがたのご配慮に改めてお礼を申し上げる。

平成二十六年十一月

鈴木　肇

【注記】本文中の（　）内の注や、小見出しは著者・鈴木がつけた。

ロシア人の名前は名・父称・姓の三つからなるが、本書ではほとんどの人名は名と姓だけにした。

ロシア社民主義の英才ポトレソフ
レーニンの同志から政敵へ
親西欧・「祖国防衛派」を率いる

はじめに

旧ソ連でも、日本でも、長い間忘れられていた政治家がいた。ロシア社会民主主義の英才ポトレソフである。彼はソ連創建者レーニンの親密な同志から激しい政敵となった。また終生、マルクス主義者でありながら、第一次世界大戦時には「祖国防衛派」を率いて愛国者として行動した。さらに一九一七年以後は共産党政権およびこの政権に融和的な社会民主労働党左派を批判し、西欧流の「民主主義的な社会主義」の実現を目指した。

このような経歴からポトレソフは旧ソ連では「反革命リーダーの一人」として極端に低く扱われていた。しかし、ソ連は一九九一年末に解体した。ソ連末期から九〇年代にかけて、かつて共産党政権に抵抗したメンシェビキ(社民労働党のいわゆる少数派・本来の社民派)の要人たちが死後に名誉を回復し、復権した。メンシェビキ関係の歴史書、伝記、研究書が数多く出版された。その後二〇〇二年には部厚い『ポトレソフ選集』が刊行された。本稿はこの『選集』を中心に、彼の悲劇的な生涯と独創の思想をまとめたものである。

北方領土問題の影に隠れて、わが国では帝政期のロシアが文学と音楽だけでなく、社会・政治思想の分野でも非常に豊かな遺産を人類に残したことが知られていない。このささやかなポトレソフ伝が、日本の読書人に、ロシアの社会・政治思想史への関心を呼びさますことになれば幸いだ。

軍人貴族出身の優等生がなぜ

アレクサンドル・ニコラエビッチ・ポトレソフ（一八六九―一九三四）は古い軍人貴族の家庭の出身である。父は砲兵少将だった。少年ポトレソフが貴族幼年学校に行かず、べつの人生の道を歩むようになったのは、母親の強い影響による。彼女は数千人の農奴を所有する大地主の娘だったが、民衆派詩人ネクラーソフを愛好した。息子のポトレソフも、幼時からこの詩人の作品に親しんだ。彼は中学校ではずっと優等生で、金メダルを授けられて卒業した。社会思想の問題に特別の関心を持つ大の読書好きで、すでに中学時代にJ・S・ミルの著書『経済学』とマルクスの『資本論』を知った。また彼は経済専門家である叔父の豊富な蔵書に読みふけり、ロシア社会思想史のすばらしい知識を身につけた。

成人したポトレソフは一八八七年、ペテルブルク大学理学部自然科学科に入学し、次いで法学部に移った。主に経済学を学ぶためだ。そしてこの数年間に革命文献に親しんだ。入学した当時はアレクサンドル三世の治世（一八八一－九四）の最も反動的な時期で、大学の自治は廃止されていた。学生のビュッフェでさえ、学生集会の拠点となるのを恐れて廃止されたという。「思想が疑わしい学生」は容赦なく放校された。ポトレソフも学生騒動などに加わり、ときには放校の瀬戸際にあったが、幸いにも処分を免れた。そこで一八八九年夏、親友とともに最初の海外旅行に出かけ、パリ万博を見学した。彼にとって最も重要な出来事は、この旅のときにゲルツェン（一八一二－七〇。西欧派の思想家、作家、人民主義思想の創始者）の諸著作に精通したことだ。パリの書店で見つけるとすべての本を買い取り、ロシアでは禁止されていたゲルツェンの本を法律を犯して国内に持ち込んだ。

この海外旅行のあと、ポトレソフは次第にマルクス主義者としての自分の立場を決定していった。ロシアでマルクス主義を広めるためには、ロシアの発展の「独自の道」を主張し、農村手工業を重視する人民主義の主張を克服する必要がある。そこで鍵（かぎ）製造業で有名な村に友人と調査旅行を行い、のちに長大な論文を書いた。

当時一八九一年に起きた大飢饉が、その原因と対策をめぐって論争を引き起こし、革命運動の活発化に刺激を与えた。ポトレソフは人民主義者とは別な方向で結論をくだし、翌九二年春、プレハーノフらが八三年に設立していた「労働解放団」と関係を樹立するため外国に向かった。ジュネーブでプレハーノフらと親しく交際し、秋までにペテルブルクに戻った。そして同市への「労働解放団」の出版物の大貨物の配送を組織した。のちにまたジュネーブでプレハーノフと再会し、ロシアで合法的な文献を出版する計画を伝えて説得した。

プレハーノフ（一八五六－一九一八。「ロシア・マルクス主義の父」といわれた社民主義の長老思想家）はこの考えに魅了されて執筆に没頭した。こうして一八九五年、彼の著書『史的一元論』がベリトフというペンネームで、新刊書としてロシアで出版された。これはロシアのマルクス主義の歴史では画期的な出来事だった。その後の五年間は合法的な出版物が、マルクス主義の宣伝のための主な舞台となった。

最高級のすぐれたレーニン論

当時、ポトレソフがレーニン（一八七〇—一九二四。共産党を創立した革命家、初代人民委員会議議長＝首相に相当）と知り合ったことが、彼の生涯に決定的な影響を与えた。『ポトレソフ選集』に収められた彼の論文「レーニン」（一九二七年）は、これまでに刊行されたレーニン崇拝者、批判者双方の論評の中で、最高級のすぐれたものであろう。それは本人が約八年にわたって行動をともにして、レーニンから「兄弟」と呼ばれたほど親密な関係にあったこと、ポトレソフが大変な教養人で人物描写が実に鮮やかであることなどによる。

二人の出会いは一八九四年、ペテルブルク郊外のある技師のアパートでの非公式会合のときだった。そのときのレーニンの印象を、彼は次のように書いている。

「レーニンは数え年で二十五歳になったばかりなのに、三十五—四十歳以下にはとてても見えなかった。冴えない顔色、丸はげ、わずかな赤ちゃけたあごひげ、ずるそうに少し目を細めて、話相手の目をときどき見ている様子、若者らしくない、しわがれた声…。どこか北部ヤロスラフ県出身の中年の本物の典型的な商人のようだ。急進主義－知識人の出身者には、官僚－貴族の家庭の出身者にはまったく見えなかった」。このようにレーニンには若さがなかったとして、ポトレソフは「労働者階級解放闘争同盟」（一八九五年にレーニン、マルトフらが結成し、ポトレソフが加わったグループ）では仲間が冗談にレーニンを「老人」と呼んでいたことを指摘した。

問題はプレハーノフもポトレソフもマルトフ（一八七三－一九二三。メンシェビキのリーダー）も、当初はレーニンの正体（しょうたい）を見抜けなかったことにある。ポトレソフはこの論文で「私はこの誤解に対して、マルトフとともにひどい報いを受けなければならなかった」と反省している。一九〇一年一月にそれぞれ流刑期間を終えたポトレソフ、レーニン、マルトフの「三人組」は党の非合法機関紙「イスクラ（火花）」と党理論誌「夜明け」の発行とロシア国内での普及に尽力する。ポトレソフは「イスクラ」のために二千ルーブルという大金を拠出した。しかし、彼によれば「イスクラ」での共同活動では、レーニンのセクト主義（排他的な派閥主義）と異なる意見への不寛容に悩まされ続けた。またレーニンは「職業革命家」の組織体を着々とつくりあげていた。これは共産主義機関の萌芽であり、帝政ロシアよりも悪い、人民大衆とはかかわりのない、無責任な官僚階層制がそれから生じたという。さらに彼によればレーニンはすぐれた組織者だったが、特別の流儀の組織者だった。自分のまわりに絶対的に従順な人々を集め、ここでは規律が半ば軍隊式の従属関係に変わっていたという。

次にこれら党要人の人物比較が興味深い。ポトレソフによれば、プレハーノフはレーニンより才能が秀でていたし、ずっと広い教養があった。またマルトフはプレハーノフよりも影響力が大きかった。マルトフは人々には近づきやすく身近だった。プレハーノフは尊敬され、マルトフは愛されていた。しかし、唯一の疑う余地のない首領として、人々が絶対についていったのはレーニンだった。それは彼だけが特にロシアでは鉄の意志、激しい活力、運動、事業への狂信的な信念をかなりの自信と一体化させている稀有の現象だったからだ。その一例としてポトレソフはプレハーノフ、レーニンとスイスの山岳地帯を散歩したときの逸話をあげている。牧歌的な環境の中でのおしゃべりであるのに、レーニンは革命運動の問題以外には関心を示さなかったという。

このレーニンの特異性と「目的は手段を正当化する」という「無道徳主義」がつい

にポトレソフの目を開かせ、個人的関係をも断ち切らせることになる。それには党内のある事件がからんでいた。一九〇三年春、ロシア国内の流刑地である女性が短い遺書を残して自殺した。彼女も彼女を苦しめた人々も社民主義者だったので事件は「イスクラ」編集部の検討に持ち込まれた。この事件の被告の中には、のちにボリシェビキ党内で非常に大きな役割を演じることになる二人の著名な非合法活動家がいた。編集部ではだれもが彼らを擁護しようとしてはいなかった。しかし、レーニンは罪人へのどのような断罪にも反対し、組織上の懲罰にはなおいっそう反対した。

「党活動の利益は道徳的な部類の考えより優先される。だから編集部は事件をまったくの私事であるとして、介入する必要はないと言明すべきだ」と彼は考えたのだ。レーニンのこのような「無道徳主義」と党活動最優先の考えは、のちに権力を一身に集めて大粛清を行ったスターリンのような異常な独裁政治家を生み出すことになる。このレーニンその人についてはポトレソフは「比類のない大惨事の主犯」というきびしい判定をしている。

ところで、ロシアでは意見の相違は分裂へと、激しい敵対へと急展開するのが常だった。自説にこだわり妥協が苦手な急進派知識人の通弊であろう。一八九八年に結成された社会民主労働党は、実質的な創立大会である第二回党大会（一九〇三年。ブリュッセル、次いでロンドン）で早くも分裂してしまった。たまたま多数を占めたレーニンらの共産派はボリシェビキ（多数派）と称し、本来の社民派をメンシェビキ（少数派）と呼んだ。両派の対立の根底には、「少数精鋭、鉄の規律を持つ職業革命家からなる前衛党の地下活動」を目指すレーニンらと、幅の広い大衆的な労働者党を目指すマルトフらとの基本路線の違いがあった。

この大会ではポトレソフは組織問題をめぐる論争にはほとんど参加しなかったが、当初からアクセリロード（一八五〇－一九二八。「ロシア社民主義の父」に当たる穏健派長老）およびマルトフが指導するメンシェビキの立場と連帯していた。また広い人脈を持っていたヨーロッパの社会主義者たちに、分裂の本質とその思想上の根源について情報を提供した。

次いでロシアでは革命騒乱（一九〇五－〇七年）が起き、失敗に終わる。ポトレソフは「近い将来、新たな革命的な爆発が起きる可能性がない」ことをいち早く認め、アクセリロードが提起していた「全ロシア労働者大会」開催の構想を支持した。これは大衆的な労働者党の創立に含みを持たせた構想である。

亡命せず国内で困難な活動

一方、ロシアでは国会（国家会議＝下院。一九〇六―一七年）が開設された。しかし、第一、第二国会は政府と対立し、第三国会はストルイピン首相（一八六二―一九一一。秩序回復と近代化改革を推進した強腕政治家。暗殺）によって解散させられた。弾圧の波が党の国会活動の「合法的な可能性」を断ち切った。マルトフその他の党幹部は相次いでロシアを去った。しかし、ポトレソフは亡命には否定的な見解を持ち、「メンシェビズムの文筆・政治センター」をロシア国内に創設することが必要だと考えていた。そして一九〇七―〇八年には、大きな文筆企業の創設計画にかかりきりだった。

部厚い合法誌を発行する計画は失敗に終わったが、『20世紀初めのロシアでの解放運動』（全四巻）を出版することができた。これは一九〇五―〇七年の革命騒乱の原因、原動力、結果を批判的に分析した共著の革命史である。その学問上の価値は政敵でさえ認めていた。次いでポトレソフはメンシェビキの合法月刊誌「われらの夜明け」

を発行した。この雑誌は一九一〇年一月から約五年間、第一次世界大戦（一九一四―一八年）中に軍の検閲によって閉鎖されるまで存続した。

またこの戦争では、彼は協商国（英仏露）支持、「祖国防衛派」、愛国者の立場を貫いた。ドイツ帝国の政策を最大の危険とみなしたからである。ポトレソフによれば、愛国心とは「国民＝国家組織へのその一員である個々の人の自覚を持った市民的態度」のことだ。最近数十年の西欧の全歴史は、このような愛国心の発展および広範な人民、プロレタリア大衆へのその浸透にほかならない。この過程を彼は「住民の市民への成長転化」と呼んでいる。ちなみに彼は西欧事情に明るい西欧派マルクス主義者だったが、西欧亡命が三十七年にもおよんだプレハーノフも、かつての正統派マルクス主義の立場から独自の「祖国防衛派」に転じていた。

ポトレソフの率いる「祖国防衛派」は一九一五年秋に創設された軍事産業委員会に積極的に参加した。ボリシェビキ側からの激しい抵抗にもかかわらず、ほとんど全国で「軍産委労働者グループ」が創設された。戦時中に労働者の状態は悪化したが、このグループの活動は総じて賃上げと労働条件の改善、失業対策の面で大きな成果をあげたといわれる。

二月革命に不安、党多数派と決裂

しかし、ロシアは強国ドイツとの戦いで苦戦した。国会との対立、首都の騒乱の中で一九一七年に二月革命が起きて帝政は滅んだ。ポトレソフは最初の喜びの二、三週間あとには、早くも不安を感じ始めた。ロシア伝来のスティヒーヤ（盲目的不可抗力）が大衆をとらえ始めているとみなしたからである。またメンシェビキの党内では、マルトフらの「国際主義者派」（左派）が台頭していた。これに対しポトレソフは八月の党大会に決議案を提出し、国の防衛と国の社会・経済力の結集を全国民的な課題として提起した。そしてボリシェビズムとの関係断絶と党の思想的統一を要求した。さらに十二月の党大会では、ボリシェビキによる対独単独講和に反対し、ボリシェビズム打倒に全力をあげるよう訴えた。

しかし、党大会では「国際主義者派」が決定的な勝利を収めた。大会のあと中央委員会は彼らの手中に移った。ポトレソフの支持者は新中央委への参加を拒否した。

一九一八年九月には、党の公的組織との関係は正式に断ち切られた。当時、彼は最も親しい同志とともに「ロシア再生同盟」に加盟した。これはさまざまな政党（立憲民主党、人民社会党、社会革命党）の代表者が参加する意見交換会のようなグループだった。彼はのちに「加盟は誤りだった」と認めたが、共産党政権はこの問題を迫害の口実に使った。

逮捕され、衰弱状態で出国

まる一年間、非合法生活を送っていた間に、ポトレソフは一九一九年九月、ペテルブルク（当時はペトログラード）のチェー・カー（非常委員会。秘密警察）によって逮捕された。これは最も残酷なテロルの時期だった。彼の生命は一時、大変危険な状態にあった。古くからの知り合いのボリシェビキたちが介入した結果、やっと救われた。年末ぎりぎりに出獄したが、身体はまったく衰弱していた。一九二四年末には健康状態は特に悪化した。持病の背柱の結核が余病を併発したのだ。

医師たちは「モスクワでは治療できないし、死を待つだけ」と診断した。出国申請を執拗に拒否していた政権側はやっと、これ以上拒否するのは不可能だと考えた。こうして彼は一九二五年二月、妻とともにベルリンに到着した。医師たちは最新の治療方法を用い、手厚い看護がほどこされた。それは病気の進行を引き延ばすことができただけで、治すことはできなかった。ポトレソフはほとんどベッドに寝たきりの人として生きていた。物を書くことさえ、ベッドに特別の板をつけ、横になってやっと行うことができたという。

この数年間に彼のもとを訪れた人はみな、驚かざるを得なかった。不治の病いと闘いながら、緊張した知的生活を送ることができたそのたくましい精神力にである。彼はベルリンでは、メンシェビズムのすべての派の代表と会った。マルトフはすでに亡命先で没し．ダン（一八七一―一九四七。医師出身の党幹部）が在外ロシア社民運動の指導者になっていた。当時のソ連はネップ（新経済政策）の最盛期だった。在外メンシェビキの間では自分らの思想面の歩み寄りが現実的なものと思われてもいた。

アクセリロードが調停役を引き受け、ポトレソフとダンに共同行動の可能性を打診した。しかし、ポトレソフはダンの態度からそれは不可能だと考えた。こうして彼は

『幻想にとらわれて。公的メンシェビズムとの私の論争』という著書で、革命と戦争の数年間の批判的総括を行った。この著作は国内戦の時代の古い論争を取り上げたので、これらすべての問題の論争を引き起こすことになった。「党の公的多数派」の指導者たちとの溝は深まり、彼は完全な孤立状態に陥った。

未来は「民主主義的な社会主義」に

しかし、ポトレソフは社会主義の究極の勝利への信念を決して捨ててはいなかった。カウツキー(一八五四―一九三八。ドイツ社民党のマルクス主義理論家、第二インターナショナル＝各国社会主義諸党の連合組織の指導者の一人)が戦争によって中断した交際を再開し、「ロシアでの出来事の影響で、あなたが社会主義に失望しているという噂が伝わって来ているが」と書き送ったとき、ポトレソフは興奮した調子で答えた。「私が社会主義に失望したとするならば、私はなにによって生きるのでしょうか?」と。彼は亡くなるまでマルクス主義者のままだった。

そして考えていた。「ロシア国内にもボリシェビズムの崩壊のあと、民主主義的な発展の途上で民主主義を保持することに関心を持つかなり多くの勢力があるし、あるであろう。ただこの勢力を動員し、団結させなければならない」と。このことをポトレソフはプロレタリア党の主要任務とみなしていた。また彼は主な期待を西欧の社会主義運動にかけていた。彼らの運動が社会主義への真に民主主義的な道を敷いていると確信しながら、その実践活動を注意深く見守っていた。

さらにポトレソフは少しでも本質的な問題では、総じてカウツキーと連帯した。カウツキーとともに「社会主義者にとっては、民主主義の問題は二次的な従属的な意義しか持っていない」とするあらゆる主張と断固として闘った。第二次世界大戦（一九三九－四五年）後に西欧などの社民諸党はマルクス主義を放棄し、一九五一年に民主社会主義を指導原理とする社会主義インターナショナルを結成した。この点ではポトレソフは「ロシアでは稀な民主社会主義の先駆者」だったといえる。その彼が終生マルクス主義者にとどまったのは、ロシアの特殊事情による。

ロシアの知識人には、昔から急進左派の風潮が強かった。専制下で民主主義が育たないうちに、マルクス思想が流入し、多くの知識人をとらえた。反マルクスの自由主義政党である立憲民主党でさえ、「欧米の自由党の中では最も左」と自認していたほどの精神風土だった。そうした中でポトレソフとアクセリロードのように「未来は民主主義的な社会主義にある」と確信して、共産党による独裁と闘う立場を貫き通した知識人政治家がいたのだ。晩年のポトレソフはドイツなどでのファシズムの台頭を憂え、労働運動の力で左右両極の危険を克服するよう訴えた。

亡命先でも彼は病気に追いかけまわされていた。一九三四年に最後の発作が始まった。ベッドに横たわり、もはや立ち上がれなかった。それでも愚痴ひとつこぼさず、いかめしくさえあった。強い意志の力で、生きていたのと同じように死んでいったという。遺灰を収めた骨壷がパリの由緒ある墓地に葬られている。

このようにポトレソフは悲劇の生涯を終えた。彼は政治家としては必ずしも成功しなかったが、組織活動や新聞・雑誌の編集、出版ではすぐれた才能を発揮した。文筆の才も病いが進行するまでは冴えていた。聡明なポトレソフの予測は、非常に遅れはしたが的中した。政敵レーニンが創建したソ連は一九九一年末に解体した。またボリシェビキとの権力闘争に敗れたメンシェビキの思想（メンシェビズム）は、ソ連末期から九〇年代にかけて復権した。

これはゴルバチョフ政権（一九八五―九一年）下で、ゴルバチョフ・ソ連共産党書記長（一九三一―）自身がメンシェビキ化したことによる。それはソ連解体の主な原因の一つだった。しかしソ連解体後のロシアでも、ポトレソフが目指した「住民の市民への成長転化」は実現しなかった。プーチン大統領による事実上の専制政治が二〇〇〇年から続いている。体制側は国粋主義と反欧米の風潮をあおって、支配体制維持に懸命だ。

失脚したが長生きしたゴルバチョフは二〇〇〇年に、「ロシア連邦統一社民党」という民主社会主義の改革政党を結成した。しかし、この党はまったく広がりを持たなかった。この現状を打開する第一の前提条件はやはり、ポトレソフがつとに訴えた「国民の市民意識と公民的自覚の高まり」にある。それが実現して国政に影響をおよぼすようになれば、彼の予測は完全に的中することになるのだが―。

ロシア社民主義の父アクセリロード

「反レーニン、反独裁」を貫く

柔軟な戦術家、広い国際人脈

はじめに

ロシア革命百周年がやがてやってくる。一九一七年の二月革命と十月革命から約百年になる。これを機会に日本のロシア史研究者、とりわけ学校教科書の執筆者に要望したい。公開された最新資料を含む確実な史料に基づいて、ロシア革命史の徹底した再検討を行うことを。それはかつてソ連共産党の一党独裁政権下で体制側に都合の良いように書かれた本などの影響が、いまなお色濃く残っているように思われるからだ。

その場合、レーニンらと対立して敗れ、長い間「反革命分子」とされていた革命家、思想家は当然再評価されるべきであろう。このような人物の一人として、私はアクセリロードをあげたい。「ロシア社会民主主義の父」ともいえる大立者だ。それなのにわが国ではロシア革命運動史についでに出てくるだけで、ほとんど無視されてきた。本書による彼の生涯と思想、政治的役割の掘り起こしが、歴史の真実の解明に、少しでもお役に立てば幸いである。

極貧のユダヤ人の子がやがて…

このパーベル・ボリソビッチ・アクセリロード（一八五〇―一九二八）は、ウクライナのいなかの居酒屋店主の子として生まれた。両親は信心深いが文盲、一家は極貧状態にあった。家が火事で全焼し、乞食のための木賃宿に身を寄せたこともあった。

しかし、パーベル少年はとても優秀だった。ロシア語で読み書きを教えるユダヤ官費学校で学んだ。金持ちのこどもたちに自分が学んだことを教え、月に八コペイカと週一回の食事を与えられた。裕福な家々で靴磨きもした。卒業すると、仲間と二人でわずか三十五コペイカをもってベラルーシのモギリョフ市まで歩いていき、中学の入試にたやすく合格。さらに法律中等・高等学校をへて、キエフ大学法学部に進んだ。

この間、宗教には無関心になり、ユダヤ教の宗教儀式も行わなくなった。「人民の中へ」の運動に入り、「最初の革命家たちの偉大な世代」と出会う。彼ののちの回想では「現在の体制のみにくさへの憎悪が主に、心の中で革命的な推進力になった」という。

一八七四年、農民に宣伝活動を行ったとして逮捕される。脱走してジュネーブに亡命、二度も非合法でロシアに戻り、八〇年にふたたび亡命、チューリヒに定住した。八三年にはプレハーノフらと「労働解放団」を結成。八〇年代の初めには『共産党宣言』などマルクスとエンゲルスの諸著作を、六歳年下のプレハーノフの諸著作を高く評価し、マルクス主義的社民主義の道に入った。

次いでアクセリロードは一八八九年、プレハーノフとともに初めてエンゲルスと会う。第二インターナショナル（社民諸党の国際連帯組織）の諸大会に参加。九五年に訪れたレーニンと会い、人柄に魅了されるが、あまりにも激しい彼の自由主義者批判には同意できなかった。

また社会民主労働党（一八九八年結成）の非合法機関紙「イスクラ（火花）」の発行ではポトレソフ、レーニン、マルトフの「三人組」を支援した。生活のため余暇の大部分をヨーグルトの生産と販売についやしているのに、極力彼らを助けた。

しかし、実質的な創立大会である第二回党大会（ブリュセル、次いでロンドン）ではレーニンと対立。規約第一条（党員資格）の討論ではマルトフの側に立って、レーニンに反対した。この問題での対立の底流には、少数の職業革命家からなる中央集権の前衛党論（レーニンら）と大衆的労働者政党論（マルトフら）との大きな違いがあった。

さらにアクセリロードは一九〇五－〇七年の第一次ロシア革命（失敗）では、レーニンの「労農独裁と第一国会ボイコット」というアピールに反対した。彼は第二国会で社民会派を率いたツェレテリの活動に注目していた。一九〇七年六月にはストルイピン首相によって国会は解散され、グルジア人の政治家ツェレテリはシベリアに流刑となる。アクセリロードは彼と文通をはじめ、晩年には特に親しくなった。

また革命の失敗後、アクセリロードは「全ロシア労働者大会の開催と合法的な労働者政党創立」という構想を提起した。一方、レーニンは一九一二年に独立の党・社会民主労働党（ボリシェビキ）を設立、メンシェビキは二年後に社会民主労働党（統一）をつくり、両派は完全に分裂した。

第一次世界大戦（一九一四－一八年）がはじまると、彼は当初は協商国（英仏露）の成功を望み、自国政府を支持した。その後ツィンメルワルド、キンタールの反戦国際社会主義会議に積極的に参加したが、「目的は西欧社民主義へのレーニンによる分裂の宣伝を防止することだ」としていた。

二月革命で帰国、永久亡命へ

やがて二月革命で帝政は滅んだ。国会主体の臨時政府とソビエト（労働者・兵士評議会）の「二重権力」が生じた。レーニン、マルトフと同様、アクセリロードも亡命先から帰国した。彼は二月革命を「新時代の到来」などとして歓迎、この点ではマルトフと一致した。早くも皇帝退位の数日後には、ソビエトには戦争停止に主導権を発揮するよう、臨時政府には英仏伊三国の政府と交渉に入るよう要望した。

また彼は一九一七年四月、「全権力をソビエトへ！」というレーニンの要求にきびしく反対し、「共産主義インターナショナルを創設する」という提案にも反対した。さらに臨時政府への社会主義者の入閣を「革命救済のためのより少ない悪」として支持した。この点ではマルトフらと違っていた。

アクセリロードはメンシェビキの会議で全会一致で組織委のメンバーに再選された。マルトフは党内右派と中道派を助けることになると考えて妨害し、両派を激怒させた。組織委の第一回会議でアクセリロードは組織委議長に選出。これは「党の団結につくした特別の功績」を認めたものだ。

この組織委の委任によって、彼は八月に開催されるロシア社民労働党（統一）の大会準備に関連して、マルトフら国際主義者派（左派）と交渉することになった。当時、マルトフ派はボリシェビキの党大会に祝辞を送りさえしていた。党の団結の必要性を彼らに納得させるのは非常に困難だった。

彼は八月末にストックホルムで開催された新たなツインメルワルド会議に参加した。会議は左派に支配され、宣言案にはアクセリロードらの提案は一つも取り入れられなかった。社民労働党（統一）の八月大会は彼を不在のまま党議長、中央委員、党在外代表団長に選出した。

しかし、この会議のあと彼は帰国できなくなり、永久亡命を余儀なくされた。十月にはレーニンらのボリシェビキが武装蜂起によって臨時政府を倒して政権を奪取、国内戦（一九一八―二一年）がはじまる。亡命中もアクセリロードは病と闘いながら「反レーニン、反共産党独裁」の立場を貫き、党内多数派の共産党政権との妥協的な姿勢を批判し続けた。マルトフは彼から遠ざかり、彼はマルトフの死後に党を率いたダンとはことごとに衝突した。

例えばグルジア問題では、ダンはアクセリロードへの書簡で「グルジア在外代表部を閉鎖すべきだ」と主張した。独立したグルジア民主共和国は赤軍によって崩壊させられていた。この主張は仏エリオ政権のソ連との国交樹立の動きを助けるものだ。またダンに不同意の党員たちは、ダンの側からあらゆる粗略な扱いを受けた。アクセリロードの生誕七十五周年の祝賀会の問題でも、ダンの立場はあいまいで、一貫していなかった。

ダンとの意見の相違はますばかりだった。その「カウツキー批判、ボリシェビズム弁護」の論文に、アクセリロードはいらだち、悩んだ。そして「社会主義通報」の論文で、カウツキーの立場を擁護した。彼はドイツ社民党の大物理論家。十月暴力革命を激しく非難し、レーニンから「背教者」ときめつけられた。レーニンはこの罵言を著書のタイトルにまで使っている。

またアクセリロードはオットー・バウアー（オーストリア社民党のリーダー。マルクス主義の政治家）のロシア革命論に激怒した。「ボリシェビキを弁護する彼の基本命題は、公式のメンシェビズムの根底にある思想を率直に表現したものだ」と論じた。

一方、ロシア社民要人との関係では、彼はダンよりもポトレソフにより近かった。

ポトレソフからの著書『幻想にとらわれて』の寄贈に感謝しつつも、同書での主張をいろいろ批判した。しかし、結局、ダンの攻撃から彼を守るという約束で行動することになる。またアクセリロードは晩年、ツェレテリと急速に親しくなった。彼の温かい人柄、生まれながらの気づかい、年長者へのコーカサス風の丁重さが気にいった。一九二〇年代の文通では「ロシアと世界の社民運動の理論と実践の最も根本的な問題」が論じられ、共通の理解に達したという。

最後の亡命先（チューリヒ、パリ、ベルリン）では、アクセリロードは病と手術、不眠症に悩まされた。友人たちはなんとか、彼の生活を楽にしようと試みた。ツェレテリは緑色の笠を持つ心地良い卓上ランプを贈り、よくつきそっていた。またアクセリロードはこのランプと、女性同志から贈られた仕事机の下に置く保温器をとても大切にしていた。晩年の彼を助けてあらゆる世話をしたのは娘と息子の女友達だった。彼女はとどいた手紙を声を出して読んで聞かせ、返信を彼の口述で代筆した。

アクセリロードは一九二八年四月半ばに死去。五月一日パリでは、ロシア社民労働党支援グループが追悼集会を開催し、党内のすべての派と社会主義諸党派の代表者が集まった。ポトレソフその他が追悼の辞を述べたが、最も注目されたツェレテリは「故人はレーニン的マルクス主義の破滅性を最も正確に予見していた」とたたえた。アクセリロードの遺灰を収めた骨壺は、ベルリンの墓地の墓にマルトフの遺灰と並んで埋葬された。

「民主主義的な社会主義」の先駆者

アクセリロードの特徴は第一に、ロシアでは稀な「民主主義的な社会主義」の先駆者だったことにある。彼は終生、マルクス主義者にとどまった。帝政ロシア以来、ロシアの知識人には急進左派の傾向が強かった。そこで彼のように現実性できわだつ人物でも、もともとマルクス主義には縁遠い英国労働党の政治家のようになれなかったのはやむを得ない。

第二次世界大戦（一九三九―四五）後、西欧その他の社民諸党は社会主義インターナショナルを結成し、マルクス主義を放棄した。ロシア社民労働党とは「兄と弟」の間柄だったドイツ社民党は戦後、長らく最大野党だったが、一九六〇―七〇年代に「大連立」、次いで「小連立」内閣として政権につくことができた。

西ドイツ（当時）は敗戦後十年で、大西洋同盟の枠内での再軍備を達成した。ドイツ国防軍が復活し、ソ連の軍事脅威に対する最前線での「強力な楯」となった。ドイツ社民党が政権に復帰できたのはこの現実を認めたからだ。アクセリロード、ポトレソフ、ツェレテリといった先見の明のあるマルクス主義者はロシア特有の限度内で「西欧流の民主社会主義」に近づいていたと思われる。

第二にアクセリロードは、比類のない現実的で柔軟な戦術家だった。彼はプレハーノフのような多作の著述家ではなかった。またレーニンのような権力獲得に執念をもやすマキャベリストでもなかった。しかし、アクセリロードは臨機応変の戦術家としては卓越していた。

第三にアクセリロードは、内外の驚くほど広範な著名人と交流していた。エンゲルス、カウツキー、ベルンシュタイン、クロポトキン（ロシアの無政府主義思想家）などど多数で、一冊の交際人名録をつくれるほどだ。ポトレソフ、ツェレテリとともに、「西欧派社民主義者」だったといえよう。

第四にアクセリロードは、若い社民活動家をはじめ党の内外で敬愛された長老だった。社民労働党は左派、右派、中道派の三派に分かれたが、彼は最後まで党の団結を保つことに全力をあげた。社民運動全体の利益を常に考えていたのであろう。没後の追悼集会で開会の辞を述べた年来の友人は「最も高潔な人、最も清廉な人」とほめたたえた。

アクセリロードが社会の底辺から身を起こし、国際社民運動の頂点に登りつめたのは、本人のすぐれた素質、大変な努力に、このような公平無私の人柄が加わったからであろう。

アクセリロードの主な社民関係者リスト

▽ゲオルギー・プレハーノフ（一八五六―一九一八）

「ロシア・マルクス主義の父」。「労働解放団」の創立者の一人。『史的一元論』などの著書で帝政ロシアの左派知識人に大きな思想的影響を与えた。社会民主労働党の第二回大会後はメンシェビズムのリーダーの一人。第一次世界大戦では「祖国防衛派」。西欧で三十七年間も亡命生活を送り、ドイツ社民党首脳と深い関係にあった。

▽ヴェーラ・ザスリッチ（一八四九―一九一九）

一八六〇年代から活躍したロシアの革命運動の長老。彼女は「労働解放団」の創立者の一人、一九〇三年以後はメンシェビク。一九一七年二月にはプレハーノフのグループ「統一」に加わる。

▽レフ・ジエイチ（一八五五―一九四一）
ユダヤ人。少年のころから革命運動に参加。初めは人民主義者。ヴェーラ・ザスリッチとジュネーブで「労働解放団」を立ち上げる。一八八四―一九〇一年に懲役刑。脱走し、国外に逃れ一九〇三年からメンシェビズムのリーダーの一人。

▽ユーリー・マルトフ（一八七三―一九二三）
ロシア社会民主労働党の創始者の一人。レーニン、ポトレソフとの「三人組」で、非合法の党機関紙「イスクラ」の発行に尽力したが、やがてレーニンと対立、メンシェビズムの有力リーダーとなる。第一次世界大戦では国際主義者派（左派）の立場をとる。一九一七年十月のボリシェビキの武装蜂起による政権奪取には反対したが、共産党政権への反対は一貫せず、ポトレソフら「祖国防衛派」と対立した。重い病気（結核）療養の名目で事実上、国外追放され客死。誠実な人柄で人望はあったが、過酷な権力政治では敗者となった。

▽アレクサンドル・ポトレソフ（一八六九―一九三四）

社会民主労働党とメンシェビズムの創始者の一人。「イスクラ」の編集、発行と国内への持ち込みに尽力。合法、非合法の新聞・雑誌の編集と発行、本の出版活動に活躍した。教養の豊かな思想家で、レーニンを激しく非難し、左傾化したマルトフとも対立するようになった。第一次世界大戦では「祖国防衛派」の理論家、一九一七－一八年には党右派のリーダー。重い結核を病み、亡命地で客死。

▽イラークリー・ツェレテリ（一八八一－一九五九）

グルジア出身の社民主義者。メンシェビク。第二国会社民会派のリーダー。一九一七年の二月革命後、全露ソビエト中央執行委副議長。第二次臨時政府に通信相として入閣。「革命的祖国防衛派」として、無併合・無賠償の講和を主張。ボリシェビキの暴力革命に反対。グルジア民主共和国の創建者の一人。グルジアが攻略されたのち外国に亡命。

▽フョードル・ダン（一八七一－一九四七）

ユダヤ人。医師出身で、ロシア社民労働党のリーダーの一人。マルトフの妹リジヤと結婚し、マルトフの義弟。一九二二年、共産党政権によって国外に追放されたが、同政権への対応は一貫しなかった。マルトフの死後、在外ロシア社民運動の指導者となった。ソ連寄りの言動には批判が多く、第二次大戦後、ニューヨークで死去。

▽リジヤ夫人（一八七八―一九六三）

社民運動の闘士で、夫ダンとともに国外に追放された。長生きして社民関係の資料の出版に努め、ニューヨークで亡くなる。

▽ピョートル・ストルーヴェ（一八七〇―一九四四）

経済学者、歴史家、評論家。若いころマルクス主義の分析方法を用いた著書で人民主義の誤りを証明。十九世紀末にはレーニンと一時協力したが、対立するようになる。「解放同盟」（立憲民主党の前身）の結成に加わり、立憲民主党の中央委員。新聞、雑誌の編集に手腕を発揮。徹底した反共産主義の闘士で、国外に脱出、亡命先のパリで亡くなるまでソ連共産党政権と闘い続けた。

▽ボリス・ニコラエフスキー（一八八七―一九六六）

一九〇一年から社民運動に参加。初めはボリシェビク、次いでメンシェビク。ロシア政治史の歴史家、多作の文筆家、革命・社民資料の収集家として知られる。共産党政権によって国外追放され、のち米国に移住。

▽ウラジーミル・ヴォイチンスキー（一八八五―一九六〇）

有名な統計学者、社民主義者。四年の懲役刑、三年のシベリア流刑中にツェレテリのグループの文筆活動に参加。一九一七年二月からメンシェビク。十月革命後に逮捕、グルジアに去り、在外外交機関でグルジア共和国を代表。のち欧米で活躍し、亡命した米国では多年、学問研究諸機関の理事長だった。

▽ラファイル・アブラモビッチ（一八八〇―一九六三）

ユダヤ人。ブンド（リトアニア・ポーランド・ロシア全ユダヤ人労働総同盟）中央委員をへてメンシェビキのリーダーの一人に。一九二〇年末にベルリンに移住し、マルトフとともに雑誌「社会主義通報」を創刊した。

▽イサーク・アストロフ（一八七六―一九二二）
メンシェビク。合法的な党活動の主な組織者の一人。一九一二年に逮捕されたが、脱走して外国へ。二月革命後は左派のメンシェビキ国際主義者派の指導者の一人。ロシア社民労働党（統一）の中央委員。

▽ボリス・ボグダーノフ（一八八四―一九六〇）
メンシェビク。「祖国防衛派」。第一次世界大戦時には中央軍事産業委の労働者グループの書記。革命前と共産党政権の時期に、たびたび迫害を受けた。

▽エヴァ・ブロイド（一八七六―一九四一）
女性メンシェビク。党指導機関にたびたび選出。一九二〇年末に反共産党政権の非合法活動に参加するためロシアへ。たびたび逮捕され、一九四一年八月、銃殺刑に。

▽ピョートル・ガルヴィ（一八八一―一九四四）

ユダヤ人。メンシェビク。党中央機関のメンバー。一九〇五年の革命（失敗）以後、合法的な労働運動を支持。ボリシェビキによる政権武力奪取のあと、社民労働党中央委とは異なる「党内野党」の立場をとっていた。

▽ダビード・ダーリン（一八八九―一九六二）
メンシェビク。一九一七年十月以後、社民労働党中央委員。次いで党在外代表、「社会主義通報」の編集委員。

▽アナトーリー・デュブア（一八八二―一九五九）
初めはボリシェビク、次いでメンシェビク。労働運動に積極的に参加し、「解党主義」を支持。第一次世界大戦中は「祖国防衛派」。二月革命後、臨時政府の労働次官。党内右派に入る。共産党政権下でシベリアに流刑にされたあと国外追放。

▽オシップ・エルマンスキー（一八六七―一九四一）
メンシェビク。著名な文学者。二月革命後、モスクワ市会議員。社会主義アカデミー

正会員。一九二一年、党中央委に離党を申請。

▽ノイ・ジョルダニヤ（一八七〇―一九五三）

メンシェビク。第一国会議員。たびたび社民労働党の指導機関に選出された。一九一八年からグルジア共和国首相。

▽ボリス・サピール（一九〇二―一九八九）

一九一九年からメンシェビク。「ロシア社民青年同盟」の指導者の一人。一九三六―三九年には「社会主義青年インターナショナル」でこの「同盟」を代表。

▽サムイル・シチューパク（一八八〇―一九四四）

ユダヤ人。「ブンド」に入り、第一次ロシア革命に積極的に参加。一九〇八年に亡命し、パリで社会主義運動に加わる。アクセリロードおよびマルトフと接近し、メンシェビキのグループに入った。一九一七年にはペトログラード市会の指導者の一人。共産党政権下で二年後にふたたび亡命したが、一九四四年、ナチス・ドイツの強制労働収容所で死去。

栄冠を取り戻すプレハーノフ

レーニンの危険性を見破る
亡命37年、祖国防衛の愛国者に

はじめに

「武器を出せ。われわれが見つけたら、お前をすぐに殺すぞ」といって、水兵の一人が病人の顔にピストルを突きつけた。病人は「人を殺すのはたやすいが、武器を捜し出すことはできやしないよ」と答えた。これは、一九一七年の《十月革命》のあと、政権を握ったボリシェビキの兵士と水兵の一団が、隠匿武器摘発のため家宅捜索をしたときのやりとりである。

慢性の結核が悪化して病床にありながらこの脅迫にさらされたのは、なんとプレハーノフだった。「ロシア・マルクス主義の父」と呼ばれたあの有名な社会民主主義の思想家・革命家である。脅迫をした水兵らは、そのことを知らなかった。彼が苦境にあるとの噂が流れると、軍事革命委は身柄の保護を命じた。プレハーノフの夫人（医師）は、夫をペトログラード郊外のこの住居から同市のフランス赤十字病院に移した。しかし、べつの病院で自由主義政党・立憲民主党の閣僚二人が、水兵らによって殺害された先例がある。そこで夫人は彼をロシアから分離独立したフィンランドの療養所に移転させた。数カ月後にプレハーノフはそこで亡くなる。六十一歳。臨終のとき、窓外の白樺に目をやり、「恐れることはないよ。自分もあの木のように変容するだけだ」と、涙ぐむ愛妻を慰めた。唯物論者らしい最期である。

それにしても、生涯のうち約四十年を社会運動に捧げ、国際的にも広く知られたこの歴史的な人物へのなんたる非情な扱いであろう。この出来事はなににもまして、《十月革命》なるものの真実を示している。それは兵士と労働者の一部が大混乱期に武装蜂起によって非力な臨時政府を倒して政権を奪取したもので、「少数者による軍事クーデター」というのが実態だった。またボリシェビキはペトログラードで行われるプレハーノフの葬儀への参列を禁止したが、労働者をはじめ多くの人々が群をなして棺につきそい、墓地まで行進した。

それから約百年のときが流れ、歴史の公正な審判がくだされた。敗者プレハーノフはボリシェビキの首領レーニン（一八七〇―一九二四。ソ連創建者）とレーニン主義の危険性を見破り、内外に警告した先見の思想家として、過去の栄冠を取り戻しつつある。一九九一年末に解体したソ連の末期以来、ロシアでは彼を再評価する本や論文がいくつも出版された。一方、膨大な新版レーニン全集の出版計画は打ち切られた。レーニンを全面的に否定した政治色の濃い著書（戦史家ヴォルコゴーノフ将軍の三部作）さえ刊行されている。しかし、わが日本ではこの逆転現象への反応は鈍い。亡命三十七年、晩年には祖国防衛の愛国者となった大物思想家プレハーノフは忘れ去られたままだ。

人柄と政治的な立場の複雑さ

ゲオルギー・ワレンチーノビッチ・プレハーノフ（一八五六―一九一八）は帝政ロシアの農業県・タンボフ県の村で、小貴族の家庭に生まれた。退役将校の父は保守・帝政派で貧しかった。母は有名な急進派の文芸評論家ベリンスキー（一八一一―四八）の遠縁に当たる。息子は芸術的な才能と抑圧された人々への同情を母から受け継いだ。また彼はかなり複雑な矛盾した性格の人だった。勤勉で才能が豊かで、意志が強く、活動的である半面、短気で怒りっぽく、頑固で他人の非を容赦しない傾向があった。彼の政治的な立場も複雑きわまるものだった。いつもメンシェビキ（社会民主労働党の《少数派》。ボリシェビキ（《多数派》）と称したレーニンらによる一方的な命名）の側にいたわけではない。ときにレーニンの主張を支持し、ボリシェビキに再三接近しようと試みた。政治上の立場は変化が激しく、独立独歩だった。

プレハーノフの青少年時代も変化に富んでいる。陸軍幼年学校、士官学校で学んだが、軍務にはすぐに失望して、格式の高い首都ペテルブルクの鉱山大学に入学した。しかし、ロシアの大物無政府主義革命家バクーニン（一八一四―七六）の思想に熱中し、勉強を放棄して結局、退学させられた。次に彼はロシア独特の農民社会主義である人民主義の秘密結社「土地と自由」に加わった。一八七六年十二月、首都のカザン寺院前で行われた学生と労働者のデモで「革命的な」演説をして、仲間うちで「雄弁家」といわれた。翌年、外国に逃れたが、首都に戻り、労働者の行動の組織化、機関紙の編集などに活躍した。当時、彼は枕の下にピストルを置いて眠り、短刀の使い方さえ学んだという。何回か逮捕されたが、証拠不十分で釈放された。

一方、「土地と自由」は要人テロに走った「人民の意志」党とテロに反対し、農民と労働者への宣伝活動を重視するプレハーノフらの「土地総割替」派に分裂した。前者は「改革帝」アレクサンドル二世（在位一八五五－八一年）を暗殺して弾圧され、壊滅した。後者も警察に追及されたので、彼は一八八〇年に再び亡命を余儀なくされた。帰国したのは実に一九一七年の二月革命（帝政を終わらせた民主主義革命）後となる。四月一日夜、ペトログラード（ペテルブルクを改称、のちにレニングラードと改称。ソ連末期にサンクトペテルブルクという旧正式名称に戻る）に帰り着いた。

亡命先ではプレハーノフはまずジュネーブに住みついた。妻ロザリヤが到着したが、定職のない若い夫妻の亡命暮らしは非常に困難だった。次女が生まれ、国に残してきた長女はまもなく死んだ。しかし、彼は毎日、図書館で働き、ジュネーブ大学とパリのソルボンヌ大学で講義を聴いた。こうしてプレハーノフとアクセリロード、ヴェーラ・ザスリッチら「土地総割替」派の仲間が一八八三年に、ジュネーブで「労働解放団」を創立した。これはロシア最初のマルクス主義政治団体である。同グループはマルクス（一八一八－八三）とエンゲルス（一八二〇－九五年）の最重要著作をロシア語に翻訳して国内で普及させることと、六〇年代の「大改革」以後のロシアの社会と政治の発展の主要傾向を究明することを目指した。プレハーノフはドイツ語を学び、マルクスの『共産党宣言』をロシア語に翻訳した。また彼は『社会主義と政治闘争』

（一八八三年）、『われらの意見の相違』（八五年）などの著作で人民主義を批判し、ロシア内外の革命仲間の間で大きな反響を呼んだ。この面で特別の意義があったのは、マルクス主義の唯物論哲学を扱った著書『史的一元論』（一八九五年）が、検閲のきびしい帝政ロシアで合法的に出版されたことだ。『歴史における個人の役割』（九八年）という著書も広く読まれた。

プレハーノフは一八八七年に結核を病み、生死の境をさまよったが、妻と生涯の同志ヴェーラ・ザスリッチ（一八四九―一九一九。女性長老革命家）の献身的な世話および友人たちの物質的支援のおかげで助かった。九〇年代半ばには家族の暮らしはやっと安定した。彼は「西欧派」の国際主義者として、第二インターナショナル（社会主義諸党と労組が団体で加盟した国際連帯組織）を創立したパリの大会に参加し、それ以来、第二インターのほとんどの大会に出席した。またプレハーノフはエンゲルスとたびたび会見している。老エンゲルスはマルクス主義の学説への彼の顕著な貢献を高く評価した。さらに彼はベーベル、カウツキー、ローザ・ルクセンブルクをはじめ、世界約二十カ国の社会主義運動の著名な活動家たちと知り合い、書簡を交換した。また一九〇〇年以降、国際社会主義事務局でロシア社会民主労働党を代表していた。

ヨーロッパの社会主義紙誌にたびたび寄稿した。彼のいくつかの著書『チェルヌイシェフスキー（一八二八－一八八九。人民主義思想の創始者の一人。文芸評論家、作家。長期流刑）』、『無政府主義と社会主義』、『唯物論史概説』は外国で翻訳・出版された。この『チェルヌイシェフスキー』、『マルクス主義の基本的諸問題』など二十余りの著作が、戦前の日本で翻訳、出版されている。

「修正主義」との度を越した闘い

このようにプレハーノフは多作の著述家だった。一九二〇年代に出版された著作集は二十四巻にのぼった。全体として数十巻となる彼の著作は哲学、歴史、社会思想史から美学、政治評論、文学研究にまでおよんでいる。それらは彼の博識と教養、思想の豊かさを示した。このうち初期の哲学書については、政敵レーニンでさえ、部下に読むようすすめていたほどだ。しかし、プレハーノフの「修正主義」批判は度を越したもので、「マルクス主義の正統派」を自任する彼の教条主義的な一面を露呈した。この「修正主義」というのはドイツ社民党の著名な理論家ベルンシュタイン（一八五〇―一九三二。銀行事務員の出身。エンゲルスの高弟）が19世紀末に行ったマルクス批判に反対派が貼ったレッテルである。ベルンシュタインは著書『社会主義の諸前提と社会民主党の任務』（一八九九年。佐瀬昌盛訳、ダイヤモンド社、一九七四年。この訳書では『……社会民主主義の任務』）で具体例をあげて、マルクス思想の主要命題が今日の現実に合わないことを証明した。批判は『資本論』の核心である剰余価値説から階級闘争論、労働者の貧困化論、革命必然説にまでおよんだ。そして彼は「民主主義とは、手段であると同時に目的でもある。それは社会主義をかちとるための手段である」と主張した。また「労働者階級の独裁」に反対し、普通選挙権と国会で多数を占めることの重要性を強調した。これは第二次世界大戦（一九三九―四五年）後にヨーロッパの社民諸党の共通理念となる「民主社会主義」を早くに先取りした画期的な思想である。

これに猛然と反対したのが、プレハーノフとレーニンだった。前者はベルンシュタイン糾弾を自ら申し出て、当のドイツ社民党首脳を上回る激しさで非難論文を寄せた。同党の理論指導者カウツキー（一八五四―一九三八。第二インターの指導者の一人）

らのベルンシュタイン批判は生ぬるいものだった。彼は党を除名されず、金融・財政通の国会議員として活動を続けた。ドイツ社民党はすでに党員数も国会議員選挙での得票も大幅にふえて、「社会改良主義」に傾いていたのだ。これに対し帝政ロシアでは社民労働党は非合法状態にあり、リーダーは亡命中か流刑地にいた。彼らが「修正主義」の影響拡大に強く反発したのは、理解できることではある。これもまた異論者を「敵」とみなしてただちに敵対するロシア急進知識人の伝統であろう。

レーニンとは論争、妥協、決裂へ

この古い伝統は特異な革命家レーニンとの関係であらわに再現された。プレハーノフは初対面のとき（一八九五年）には、十四歳年下のこの弟子に非常に高い評価を与えた。一九〇〇年夏、シベリア流刑を終えて再び外国にやってきたレーニンらとの非常に困難な交渉のあと、非合法機関紙「イスクラ（火花）」と同理論誌「ザリャー（夜明け）」の発行について合意ができた。プレハーノフはそれらの編集部に入り、何十もの論文と短評を寄せた。また彼は社民労働党の綱領の準備に最も積極的に参加した。そして綱領の理論部分の原案を提案したが、レーニンの側から一連の重大な反対に会った。「ザリャー」に掲載されたレーニンの諸論文をめぐっても、二人の間で激しい論争が行われた。意見の相違はロシアの資本主義発展の水準の評価、社民労働党の自由主義者との協力の展望、革命運動での小ブルジョア層の役割など、基本的な問題にかかわっていた。このうち自由主義者との協力については、プレハーノフは反専制闘争のために支持勢力を最大限に拡大しようとし、自由主義者ぎらいのレーニンは彼らとの協力に強く反対していた。

こうして一九〇二年の春と夏には、両者の個人的な関係は一時は完全に決裂しそうだった。しかし、編集部の他のメンバーのとりなしで、意見の対立は妥協によってひとまず克服された。できあがった綱領案は集団的な作品だったが、プレハーノフの卓越した理論家、評論家の才能を示している。その後、一九〇三年の七―八月に実質的な創立大会である第二回社民労働党大会が、ブリュッセル、次いでロンドンで開催された。この大会では両者のうわべだけの合意は維持された。メンシェビキの指導者、マルトフ（一八七三―一九二三。共産党政権によって事実上国外追放され客死）が党規約第一条をめぐってきびしいレーニン提案に反対した最も劇的な瞬間においてさえ、プレハーノフはレーニンを支持した。しかし、亡命者の間では「レーニンが党の独裁者になろうとしている」との噂が流れ、プレハーノフは十月末には立場を急激に変えた。結局、レーニンは「イスクラ」編集部から脱退し、ヴェーラ・ザスリッチら旧編集部全員が互選されて復活した。プレハーノフはボリシェビキを「マルクスとは無関係のバクーニン主義者、ブランキ（一八〇五－一八八一。フランス人。少数者の直接行動による政権打倒を唱えて、19世紀の諸革命に加わる）主義者」とみなしながら、メンシェビキの指導者たちとは異なる立場をとっていた。

一九〇五－〇七年の帝政ロシアでの革命騒乱のときには、彼の行動は揺れ動き、矛盾している。彼はメンシェビキの曖昧さをきらい、地下革命活動へのその懐疑的な態度に賛同しなかった。一九〇五年五月にはメンシェビキからなる新「イスクラ」の編集部から脱退し、ボリシェビキとの接近について秋まで交渉を行ったが、失敗に終わった。またプレハーノフはこの年の末に重病となり、レーニン、マルトフらと違って帰国できなかった。さらにこの年の全期間にわたって武装蜂起を熱烈に支持しながら、モスクワと他の一部地域での十二月武装蜂起を「武器をとるべきではなかった」と激しく非難した。一方、ボリシェビキが第一国会をボイコットしたのに対して、彼はこの戦術に反対し、先見の明を示した。一九〇六―〇七年には彼は再びメンシェビキと接近した。社民労働党の第四回および第五回大会では、その政治綱領を擁護する演説を行った。しかし、革命の敗北後にメンシェビキの間で「解党主義」（非合法の社民労働党を放棄し、労働者の合法的な組織化に活動の重心を移す構想）の気運が強まると、プレハーノフはいわゆる「メンシェビキ党人派」を率いてボリシェビキとの接触を復活させた。それでも彼はレーニンとの政治的な同盟関係には入らず、中間の立場をとっていた。

この間、彼は学問と文芸評論にますます没頭した。大著『ロシア社会思想史』がその一例である。一九〇九年から亡くなるまで主な力と時間を準備についやしたが、出版されたのは最初の三巻だけで未完に終わった。歴史観でも彼は「西欧派」だった。ピョートル一世（在位一六八二―一七二五年。大帝。ロシア帝国の建設者）による上からの改革が基礎を置いた国のヨーロッパ化を、ロシアの歴史過程の主要な方向とみなしていた。こうして第一次世界大戦（一九一四―一八年）の時期には、愛国と祖国防衛の立場をとり、「祖国防衛派」としてドイツに対するロシアの勝利を支持した。社民各派に帝政政府の軍事予算に賛成するよう呼びかけ、労働者には資本家とともに軍事産業委員会に参加するよう呼びかけた。これは彼が日露戦争（一九〇四－〇五年）のときの敗戦主義の立場を放棄したということだ。当時、彼は「帝政ロシアの敗北が革命を加速化する」と考えてこの立場をとった。またこの戦争のさなかに、ともに反戦論者として第二インターのアムステルダム大会で片山潜（一八五九－一九三三。共産主義革命家。モスクワで客死）と固い握手を交わしたのは有名な話である。プレハーノフは一九一七年の二月革命後に帰国したときには駅頭と広場で温かい歓迎を受け心から感激した。彼を臨時政府に労相として入閣させる計画があったが、ソビエトの反対で実現しなかった。しかも彼は急進化する労働者大衆の間では不人気だった。敗戦続きで疲れ果てた彼らには、「勝利まで戦おう」というアピールは受け入れられなかった。結局、プレハーノフは超党派の小さな社民グループ「統一」を率いて、同名の新聞「統一」の編集をした。このグループに加わった著名人はヴェーラ・ザスリッチだけだった。それでも彼の執筆意欲は旺盛で、同紙に百以上の論説を寄せた。そして《十月革命》を「ボリシェビキによるクーデターだ」として認めず、憲法制憲議会の強制解散と敵国ドイツとの屈辱的な単独講和（ブレスト・リトフスク条約の締結）を非難した。しかし、ボリシェビキ支持の労働者たちと戦い、銃撃を加えることには反対した。このように最晩年のプレハーノフは人民大衆に支持されず、政治的な孤立と孤独のうちに生涯を終えた。しかし、彼の立場は当時メンシェビキの指導権を握ったマルトフらの党内左派（国際主義者派）にくらべてずっと明確で、彼はレーニンとレーニン主義、《十月革命》の本質をひときわ鋭く見抜いていた。やはり学問研究に心血を注ぎ、豊かな教養を身につけたうえで、現実に目覚めた思想家の洞察力であろう。

ロシア・マルクス主義の悲劇の象徴

このプレハーノフの先見性を示す実例として、レーニン主義型の党のゆくすえを予言した有名な言葉がある。

「われわれ全員によって承認された中央委員会は、「粛清」という今でも議論の的である権利を持っていると仮定しよう。そうすればこうなるであろう。大会が近づいてきたので、同委員会はいたるところで気にいらない分子を「粛清」し、またいたるところに自分の手下を配置する。こうしてすべての委員会を手下で一杯にし、大会ではまったく従順な大多数を難なく確保する。中央委員会の手下によって構成された大会は愛想よく「万歳！」とさけび、同委員会の活動を成功、不成功にかかわりなく何でも承認し、委員会の計画や指導に拍手を送るのである……」（一九〇四年の論文。邦訳『プレハーノフ　ロシア・マルクス主義の父』（恒文社、一九七八年））。これはまさにソ連の初期から末期にかけて、共産党内で繰り返されてきたことだ。21世紀のいまでも、中国共産党や北朝鮮労働党などの一党独裁政党に踏襲されている。まだレーニン主義の正体が良く分からなかった20世紀の初めに、その将来をこれほど正確に言い当てたのはさすがである。

また彼は当時のロシアでは、労働者階級による社会主義革命の条件は成熟していないとし、エンゲルスを引用して時期尚早の社会主義的変革の極度の危険性を読者に警告した。エンゲルスの高弟カウツキーと同様に、民主主義の段階とその発展過程を経ない《社会主義革命》は、結局、独裁制をもたらすとみたのだ。そのとおりロシアでは過酷な独裁制が生じた。その極致であるスターリン時代には社民主義者は「無原則、無定見なスパイの一味、害虫、破壊工作者、人殺し、外国の諜報機関の手先」などと公式に呼ばれた。一九二〇―三〇年代には「社会ファシズム」という極論がドイツなど内外の共産党に押しつけられた。ロシアとドイツの社民主義者はナチス（国家社会主義ドイツ労働者党。極右）と同類とされ、主要打撃の対象とされた。なんとも乱暴な話だが、これは裏返せばプレハーノフの予言を最も荒々しい形で証明したようなものだ。

市民社会が形成されず、中産階級が育っていなかったロシアでの社会民主主義の悲劇がそこにあった。プレハーノフはそれを象徴する人物であろう。しかし、彼とロシアの社民主義者が深い絆で結ばれていたドイツ社民党はべつの進路をたどった。第一次世界大戦の直後にドイツ社民党政府は、共産党の武装蜂起による政権奪取の企てを軍の助けを得て鎮圧し、《ボリシェビキ革命》を完全に失敗させた。同党はワイマール民主共和国を守り、第二次世界大戦後には政権に返り咲いて再三、政権を担当している。市民社会が早くに成熟し、中産階級が増大していた国の強みである。一方、ロシアでは21世紀のいまでも社民政党は弱小で、国会議席ゼロの状態にある。二〇〇〇年以来、プーチン大統領（一九五二―。諜報将校出身）の新型専制政治が続いている。彼とその支持勢力は政権維持のため、欧米流の民主主義を排撃し、大衆の国粋主義風潮をあおり利用している。プレハーノフが目指した「ヨーロッパ化による国の再生」に逆行する動きだ。しかし、ロシアは国土こそアジアにまで広がっているが、れっきとしたヨーロッパの文化大国である。強権をもってしても、欧米の思想と文化の影響がおよぶのをいつまでも食いとめることはできまい。

マルクス学大家の明暗
リャザーノフとニコラエフスキー

はじめに

この世で思想の自由くらい重要な自由はあるまい。思想の自由がなければ、言論、出版の自由はないか、またはきわめて制限されたものとなる。またそれは民主主義国家と左右の独裁国家の重大な相違点の一つである。前者では思想の自由が基本的に保証されているのに対して、後者ではマルクス・レーニン主義（旧ソ連の場合）と国家社会主義（ナチス・ドイツの場合）のように一つの思想だけが公認され、その他のあらゆる思想は迫害の対象となった。

また思想弾圧のきびしさという点では、ロシアの場合には帝政時代よりもソ連時代のほうが徹底していた。専制統治下のロシアはたしかに、思想統制や出版物の検閲の厳重な国ではあった。19世紀の人民主義(ロシア独特の農民社会主義)の創始者ゲルツェンは、自由な出版活動を求めて英国などに亡命し客死した。同じく人民主義思想家のチェルヌイシェフスキーは、二十五年におよぶ懲役、流刑のあと病気のため帰郷を許され、まもなく死んだ。しかし、19世紀のロシアではマルクスの『資本論』第一巻のロシア語訳が刊行されたり、のちには「ロシア・マルクス主義の父」プレハーノフの著書「史的一元論」が合法的に出版されたりもしていた。

他方、ソ連共産党の一党独裁下では、当初は政策批判、論争、出版の余地はあったが、スターリンの個人独裁体制が強化されるにつれて、思想の自由は完全に失われた。彼は「レーニン（一八七〇―一九二四）の後継者」をよそおい、レーニン側近を含む著名な首脳たちをことごとく粛清し、抹殺した。本稿で取り上げたリャザーノフはマルクス学の大家、すぐれた文献学者で、理論分野の要職にあったが、おびただしい粛清犠牲者の一人となった。

一方、博識のマルクス学者で、関連史料の収集家として知られたニコラエフスキーは早くに国外追放された。そのため西欧で、次いで米国で活躍し、第二次世界大戦（一九三九―四五年）後まで生き延びた。ロシア革命の要人たちを直接知る彼は、欧米のロシア研究者には貴重な師父であり、ロシア研究の進展に多大の貢献をした。本稿ではソ連哲学界の実情、明暗を分けたこの両大家の生涯と学問上の業績を紹介したい。

多彩な活躍、永遠の批判者

ダヴィード・リャザーノフ（一八七〇―一九三八）はウクライナの港湾都市オデッサで、ユダヤ人の商人の子として生まれた。中学校を放校され、十七歳で革命運動に加わる。大学教育は受けず、独学で広範な知識を身につけた。はじめは人民主義者、次いでマルクス主義者となる。一八八八年と九〇年に外国を訪れ、「労働解放団」（プレハーノフらのロシア最初のマルクス主義組織）と関係を樹立。ロシア社会民主労働党機関紙「イスクラ（火花）」やドイツ社民党の新聞、雑誌に寄稿した。一九〇二―〇三年には、イスクラ編集部が準備した社民労働党の綱領案を「労働運動と党との組織的な関係を保証していない」と批判した。

そのため第二回党大会（一九〇三年）には参加を許されず、党がボリシェビキ（共産派）とメンシェビキ（社民派）に分裂したあとは無派閥の党員となる。一九〇五―〇七年の革命騒乱（失敗）では、首都ペテルブルクの労組をたばねる中央指導部の組織者の一人。労組の雑誌の編集と寄稿を行う。そして労働者階級の経済闘争の過小評価をやめるよう、また党内の過度の中央集権主義を弱めるよう主張した。

また彼は第二国会の社民会派で活動し、一九〇七年に四カ月間投獄。釈放後ふたたび亡命した。ドイツ社民党の文書保管所などでマルクスとエンゲルスの著作の原稿を研究し、二人が新聞に掲載した二百五十もの論評の筆者であることを確認した。さらにドイツ社民党の依頼によって、一八五〇―六〇年代のマルクスとエンゲルスの著作集の出版の準備を行った。

一九一七年の二月革命（帝政倒壊）のあと四月に帰国し、トロツキーの率いる「地区連合派」グループに加わる。トロツキーらとともに、レーニンの率いるボリシェビキ党への入党を認められた。リャザーノフは理論家でありながら労働運動でも重きをなし、ペトログラード労組中央指導部議長などを務めた。十月武装蜂起（いわゆる十月革命）でボリシェビキ政権が樹立されたときには、一部の党首脳とともに全社会主義政党による政権を要求、党中央委員会の多数派の政策を「ひどくまちがっている」と非難した。

また彼はロシアには非常に不利なドイツとの単独講和（ブレスト・リトフスク条約）の締結に強く反対し、党から脱退したあと復党した。このようにリャザーノフは「永遠の批判者」だった。党の労組政策をたびたび非難し、彼の才能を高く評価していたレーニンを困惑させたものだ。

スターリン体制下で粛清犠牲者に

彼は党中央委から労組で働くことを禁止され、公文書館長などをしていた。しかし、早くも一九一八―一九年には社会主義アカデミーの組織化に加わり、マルクス・エンゲルス研究所の創立者となった。一九二一年から三一年まで同研究所の所長だった。この間、リャザーノフの発議によって同研究所は外国で文書資料と本の収集を行った。さらに彼の編集によって、マルクス、エンゲルス、ヘーゲル、カウツキー、プレハーノフその他の著作集が出版された。英国の古典派経済学を完成したリカードの著書のロシア語訳さえ刊行されている。リャザーノフはマルクス文献学者であるとともに、自主独立の精神を持つ開放的な党理論家でもあった。『二つの真実　人民主義とマルクス主義』、『ロシア社民党綱領批判に寄せて』、『国際プロレタリアートと戦争』、『マルクスとエンゲルス』、『マルクス主義の歴史概説』その他の多くの著書がある。これらの業績により一九二九年には彼はソ連科学アカデミー会員に選出された。生誕六十周年に当たっては、彼の名を冠した賞さえ設けられた。

しかし、時勢は変わっていた。一九二四年にレーニンが死去すると、ソ連共産党書記長スターリン（一八七九―一九五三）が個人権力を着々強化していく。大物トロツキーを国外追放し、のちに暗殺。レーニン側近のジノビエフとカーメネフを、次いで党有数の理論家ブハーリンとレーニンの次の人民委員会議議長（首相）ルイコフらを粛清した。粛清は軍首脳にまでおよび、膨大な数の各界の人びとが無実の罪で銃殺刑に処された。また学問の世界でも、スターリンは哲学、経済学、歴史学からついには生物学、言語学に至るまでのあらゆる分野で「最高権威者」となった。彼を批判すること自体が反逆行為となったのだ。彼が気に入って重用したルイセンコ遺伝学説を批判した高名な生物学者バビロフの獄死はその一例である。またスターリンのやり口は若手の追随学者を使って権威者を批判させ、失脚、破滅させるというものだった。

リャザーノフの場合には、赤色教授養成学院の卒業生たちが「レーニン主義の意義を否定している」と、彼およびマルクス・エンゲルス研究所を非難した。リャザーノフは一九三一年二月に逮捕され、党から除名された。「メンシェビキの反革命活動を助けた」としてだ。そのあとソ連科学アカデミーから除名され、ボルガ中流の河港都市サラトフに三年間流刑となった。彼はサラトフ大学図書館で学術顧問として働き、外国書の翻訳をしていた。

しかし、大粛清期の一九三七年には「右翼日和見主義的なトロツキスト組織と関係を持っていた」とされ、翌年、銃殺刑に処された。彼はこのデッチあげ裁判では、罪を認めなかったといわれる。これは当時のソ連では異例のことだ。彼はスターリンの死後五年目にフルシチョフ政権によって名誉を回復されたが、ソ連科学アカデミー会員に《復帰》したのは、なんとソ連解体の前年一九九〇年のことだった。

このリャザーノフはたしかにトロツキーと親しく、亡命地のウィーンでは家族ぐるみの付き合いをしていたという。しかし、トロツキーの政治方針をいつも支持していたわけではない。一九二〇年代後半には政治に距離をおいて、文献学の研究に没頭した。そのため理論分野の要職にしばらくとどまることができたのであろう。もっとも、彼はスターリンが党書記長となり、共産党の会議で理論問題が話題になったとき、面と向かってたしなめたといわれる。「コーバ、やめなさい。馬鹿なまねはしないほうがいい。理論的なことがまさに君の領分でないことは誰もが知っている」と(ドイッチャー『スターリン』I、上原和夫訳(みすず書房、一九六三年))。コーバとは山岳民族を率いて帝政ロシアと戦ったグルジアの英雄。スターリンは別名としてその名を選び、古参ボリシェビキは最後まで彼をコーバと呼んでいたそうだ。

スターリンの性格を少しでも知る者は、彼がこうした発言を聞き流すとはとても思えない。しかもリャザーノフはレーニン死去の年一九二四年に、共産主義アカデミーで「私はマルクス主義者であるだけで、レーニン主義者ではない」旨の発言をした。これはソ連共産党の思想のレーニン主義化を、事実上、スターリン化を強行しようとしていた怒りっぽい権力者にとっては、とうてい許しがたいことだったであろう。

哲学は独裁者の従僕となる

このリャザーノフとは違って辛うじて生き残りはしたが、栄光の座から引きずりおろされた有名な哲学者がいた。アブラム・デボーリン(一八八一―一九六三)である。

彼もユダヤ人。ベルリン大学哲学学部を卒業したプロの哲学者だ。一九〇七―一七年はメンシェビキの党員。ボリシェビキ政権樹立後に、メンシェビキとの関係を断った。ソ連時代には哲学研究所長（一九二四―三一年）、雑誌「マルクス主義の旗のもとで」編集長（一九二六―三〇年）、ソ連科学アカデミー会員（一九二九年から）の要職にあった。

彼は唯物論哲学の著書が多い。世界のすぐれた哲学者の著書の翻訳・出版にも努めて、「ソビエト哲学のリーダー」として認められていた。『弁証法的唯物論哲学入門』、『思想家としてのレーニン』、『哲学とマルクス主義』、『17―18世紀の唯物論史概説』、『弁証法と自然科学』その他の著書がある。またデボーリンと彼が率いていた哲学者たちの活動は一九二九年四月、ソ連マルクス主義哲学者の全国会議の決議できわめて高く評価された。

しかし、風向きは急速に変わった。デボーリン路線は中央の新聞、雑誌で、激しい、ときには不当な批判を加えられはじめた。

ミーチン、ラリツェビッチ、ユージンという三人の新進哲学者が、党機関紙プラウダその他の出版物でデボーリン派を攻撃した。①マルクス主義哲学の発展での新しいレーニン主義の段階を理解していない②哲学を政治から引き離し、全活動で哲学と自然科学の党派性を実行していない―というのだ。そしてデボーリン派は「メンシェビキ化しつつある観念論」とされ、「反革命的なトロツキー主義」と同一視された。死刑宣告にひとしいこの糾弾に対してデボーリンはまもなく公開で「悔い改め」の演説をし、この非難を支持した。そのうえ、ヴェルナツキー教授（鉱物学、地球化学など自然科学の大家で思想家）ら一部の高名な学者の信用をおとす工作に積極的に加わったといわれる。しかし、この謎の変身はデボーリン自身の救いにはならなかった。スターリンによる大粛清で一斉大量逮捕が行われた一九三七年には、デボーリンは一時、家で夜を過ごすことを恐れ、公園のベンチで寝ていたという。デボーリン派の他の哲学者はほとんど粛清されたが、彼自身は難を逃れ、スターリン死後十年目に病死した。

彼に代わってソ連哲学の公認リーダーとなったのは、マルク・ミーチン（一九〇一―一九八七）である。ウクライナ中北部の古都ジトーミルで生まれ、労働者として働く。一九二九年に赤色教授養成学院の哲学部を卒業。「マルクス主義の旗のもとで」の編集長（一九三〇―四四年）、マルクス・レーニン主義研究所長（一九三九―四四年）、雑誌「哲学の諸問題」の編集長（一九六〇―六七年）その他の要職を歴任した。また著書も多く、

『哲学史』(第一―五巻)、教科書『弁証法的および史的唯物論』その他の編集、執筆にも当たっていた。

彼の活動は長期間にわたり、ソ連を代表する哲学者として天寿をまっとうした。しかし、ミーチンと仲間たちは約二十五年にもわたって、「哲学の政治化とスターリン化」を推進した。彼の観点からすると、哲学者の任務はソ連共産党の政策を哲学的に基礎づけることである。その場合、指針となるのはスターリンの思想であり、彼のそれぞれの言葉と思想を哲学の諸問題の解決に向けていかに適用するかである—という。これはつまり、哲学者が「独裁者の従僕」になることではないのか。それでは広く深い学識に基づく、自由で独創的な発想はあり得ない。ソ連での哲学がいかに退化したかは、『全連邦共産党（ボリシェビキ）小史』を一読すれば分かる。これはなんと四千三百万部も発行されたといわれるスターリン個人崇拝期の《聖典》である。その一節「弁証法的唯物論と史的唯物論」はスターリン自身が書いたものとされ、ロシア革命史の真実を徹底的に歪めた『小史』を正当化するために書かれたものとみられる。さすがにスターリン死後にはこの大ベストセラー本はお蔵入りとなったが、ソ連での歴史学と哲学の本格的な立ち直りを何十年も遅らせることになった。

ロシア研究者の師父で恩人

彼らと対照的な生涯を送ったのは、ボリス・ニコラエフスキー（一八八七—一九六六）である。モスクワ東方のウファ県で司祭の子として生まれた。教育は中学校で学んだだけで、すべて独学である。十四歳で社民運動に入り、一九〇三—〇六年はボリシェビキ党員。メンシェビキ党に移ったあとも、農業問題と民族問題ではボリシェビキに近い立場をとっていた。一九〇四年以来、七回か八回逮捕され、三回流刑に処された。流刑地を脱走したあと、首都ペテルブルクと広範な地方諸都市で党活動を行った。革命の年・一九一七年にはメンシェビキ左派の立場をとり、第一回全ロシア・ソビエト（労働者・兵士評議会）大会で中央執行委員に選出された。

ボリシェビキ政権樹立後の国内戦では、沿ボルガ地方とウラル、シベリアでメンシェビキ党中央委員会の代表者。一九一九—二一年にはモスクワの革命史公文書保管所で働く。一九二〇年からメンシェビキ党中央委員。タンボフ県の農民蜂起とクロンシュタットの水兵反乱の武力鎮圧に抗議して一年間投獄された。長期のハンストのあと釈放され、一九二二年、他の党幹部とともに外国に追放された。

ベルリンで図書館員として働き、著述と雑誌への寄稿にはげむ。またロシアの政治史を文書で裏付ける本、新聞、原稿、写真の収集をはじめた。さらにリャザーノフの依頼によって国際労働運動の歴史に関する文書を、彼の研究所のために集めた。ソ連の雑誌にも寄稿していたが、スターリン体制下の農業集団化と弾圧を非難して、一九三二年にソ連市民権をはく奪された。翌年、ドイツでヒトラーが政権についたあとパリに移転。

彼はアムステルダムの国際社会主義史研究所のパリ支部長として、ドイツ社民党の資料コレクションをベルリンから運び出し、同研究所に渡した。この危険な仕事には涙ぐましいエピソードがあった。運び出しはフランス政府機関の助けを借りて行われた。二両の貨車でドイツ社民党史、ロシア社民労働党史その他に関する膨大な資料を送ったのだが、鉄道駅まで荷馬車で輸送中にナチスの突撃隊員が追跡していることが分かった。そこでフランスの駐独大使に介入してもらい、隊員の到着を一日遅らせることができた。文書を積んだ貨車は夜十一時に発車し、複雑なルートをへて資料は送り先の研究所に無事とどけられた。

またニコラエフスキー、ブルギナ夫妻は一九四〇年には、ナチス・ドイツ軍に占領されたパリから文書資料を救い出した。今回はフランス人農場経営者（ブルギナ夫人の女友達の父）が危険をおかして、運び込まれた文書を秘密の隠れ家に隠した。夫妻はこれらの資料をトラックで農場からアムステルダムに運んだ。しかし、彼自身の収集した資料コレクションの大部分は、ドイツで没収され失われたようだ。

夫妻はこの年、米国に移住。彼は資料収集活動を再開した。第二次大戦後には、二百五十点以上の貴重な資料をスタンフォード大学フーバー研究所に売却している。しかし、彼は資料収集家、文献学者であるだけでなく、達筆の著作家でもあった。彼の最も重要な研究対象はアゼフ（一八六八―一九一八）である。社会革命党戦闘団長として帝政要人の暗殺を指揮しながら、実は秘密警察の二重スパイだった男。ロシア革命史では、「最悪の内通者」として知られている。ニコラエフスキーは『ある裏切り者の歴史　テロリストたちと政治警察』という著書で、この怪人物の実像に迫った。また彼が力をこめて書いたポトレソフ（一八六九―一九三四）の評伝は、このロシア社民主義の英才について書かれた「最良の書」と高く評価されている。

さらにニコラエフスキーには『権力とソヴェト・エリート』中村平八、南塚信吾訳（みすず書房、一九七〇年）という論文集がある。その中で最も興味深いのは、ブハーリン（一八八八―一九三八）との会談について語った晩年の会見記であろう。レーニンが「わが党の寵児」と呼んで好んでいたボリシェビキ首脳のブハーリンは粛清死する二年前の一九三六年二月―四月に文書売却交渉のソ連側代表団長として、当時パリにいたニコラエフスキーを訪れて交渉を行った。彼はマルクスとエンゲルスの文書を含むドイツ社民党首脳の文書を保管していた。スターリン政権はこれらの文書を入手しようと強く望み、一千万フランという高値で買い付けようとした。彼は在外ドイツ社民党に取りついで交渉をはじめたのだが、ドイツ社民党側はマルクスに関する資料を手放したくなかったという。交渉は難航し、失敗に終わった。

ニコラエフスキーは第二次大戦後の一九六四年にニューヨークで、インタビューアーにこのブハーリンとの会談についてくわしく語った。当時、ブハーリンはスターリンによって「右派の首領」だとされ、政治的に追い詰められつつあった。そこで諸般の事情に明るいニコラエフスキーとの非公式の話し合いを利用して、自身の本当の立場を後世に伝えようとしたのであろう。これはブハーリン個人と当時のクレムリンの内情を推察させる貴重な会見記である。

このように米国への移住後のニコラエフスキーの活動は活発だった。一九五〇年代末から六〇年代初めにかけて、特に実り多い仕事をした。在外メンシェビキの雑誌「社会主義通報」には、六十以上の彼の論文と短評が掲載されている。また彼は壮大な「メンシェビキ党史プロジェクト」の実現に貢献した。これは米国のロシア研究家ハイムソン教授が、リジヤ・ダン（党指導者だったダンの未亡人）およびニコラエフスキーと会談し、「党史プロジェクト」について覚書をかわした成果である。

同教授は米国に亡命したメンシェビキ要人、米国各大学の教授たちを総動員して、この計画を推進した。のち一九九〇年代にはロシアの研究者との共同出版が実現した。そのおかげで、研究者たちは膨大で正確なメンシェビキ党史のロシア語原書を読むことができるようになった。ロシア研究者にとっては、ニコラエフスキーはまさにかけがえのない恩人だった。新たな専制統治下にある現ロシアの知識層も、自由なあまり思想、哲学への関心が薄れているかにみえる日本の知識層も、彼の多彩な活動と業績から多くを学ぶことができるであろう。歴史の真実を究めるには正確な資料と、それを解釈し批判して再認識する文献学が必要であり、ニコラエフスキーはこの分野では真の大家だったからである。

（注）ペテルブルクは帝政ロシアの首都で、正式名称はサンクトペテルブルク。ペトログラード、レニングラードと改名され、ソ連末期にサンクトペテルブルクの旧名に戻った。

改革一筋の人民社会党

過激ロシアで良識を貫く

はじめに

19世紀のロシア独特の農民社会主義である人民主義（ナロードニキ主義）については、わたくしは二〇〇三年に出版した著書『人物ロシア革命史』（恵雅堂出版）の中で、この思想の先駆者たち・ゲルツェンとチェルヌイシェフスキーを紹介した。またこの思想を継承した人民社会党についても、手短かに触れている。

しかし、十年ぶりに現ロシアの研究者による綿密な学術書『一九〇七―一九一七年における人民社会党』（ロシア政治百科事典、一九九九年）と関連の諸論文を通読して、この党の理論と活動を改めて紹介しようと思い立った。また同党は新人民主義の大物思想家ニコライ・ミハイロフスキー（一八四二―一九〇四）の継承者なので、この人物についても書く必要があると考えた。ただし本稿では人民社会党に関する記述を中心にしたい。

まず興味深いのは同党は党員数が二千―二千五百人程度の小党なのに、ソ連解体

（一九九一年末）後のロシアの自由化の一時期に出版された大型本の政党百科事典では、他の諸政党にくらべて並みはずれて多くのページが割り当てられていたことだ。例えば巨大政党となったソ連共産党の前身・ボリシェビキ党には約五ページが、人民主義系列の社会革命党には約十九ページが割り当てられているのに対して、人民社会党の項目はなんと約八ページを占めている。

これはこの事典の編集者の改革志向を反映した結果であるかもしれない。しかし、20世紀初めの諸論文を収めたマックス・ウェーバー（一八六四―一九二〇。ドイツの独創的な経済学者、社会学者）の著書『ロシア革命論』（林道義訳、福村叢書、一九六九年）でも、著者は人民社会党と同党の最も有名な指導者ペシェホーノフの記述に、邦訳では実に十二ページもついやしている。創成期のこの党にそれだけ期待をかけていたのだろうか。

ではなぜ、小粒で活動期間が短かかった人民社会党がソ連時代を除いては、このような破格の扱いを受けたのか。それは同党の思想と活動が際立った特徴を持ち、時代を先取りしていたからであろう。この党は第一に、ロシアの社会主義諸政党の中で最も穏健な政党だった。自由主義政党の立憲民主党（人民自由党ともいう）の左に、社会革命党の右に位置し、トルドビキと親密な関係にあった。

トルドビキは帝政末期に開設された国会である国家会議（下院）での勤労グループの会派のことだ。人民主義的な知識人と主として農民議員からなっていた。第一、第二国会では多数の議席を持っていたが、左派締め出しの選挙法改定によって議席は激減した。人民社会党はこれら諸党派の中軸として、彼らを結束させようと努めたが、必ずしも成功しなかった。

第二に同党はマルクス主義を批判し、革命についても独特の解釈をしていた。この党が目指したのは「ロシア独自の社会主義」と「漸進的に発展する社会主義」である。改革一筋に生き、この点では最も首尾一貫していた。専制ロシアで左右両極の過激主義がはびこっていた中で、暴力とテロ行為を排し、最後まで良識を貫いた。常に「開かれた合法政党」に徹していた。

第三に人民社会党はロシアの農業事情と土地問題を知り抜いていた。党綱領ではすべての土地を国有化し、全人民の所有にするよう主張している。そして農民を農村共同体から離脱させて独立私営農民を創出しはじめたストルイピン首相（一八六二―一九一一）の政策に強く反対した。

第四に人民社会党は自由・民主・愛国の党だった。党綱領では市民の自由と諸権利を列挙して、民主主義政党であることを明示した。また「ロシア国家の一体性と独立を守る」として、第一次世界大戦（一九一四―一八年）では真っ先に祖国防衛の立場をとり、それを貫いた。人民社会党のこのような特徴を問題別にみてみよう。

「知識人の党」、専門家がずらり

同党の正式名称は「人民社会主義党」である。全国政党ではあるが、大衆政党ではなく、「知識人の党」だった。メンシェビキ党（社会民主労働党の本来の社民派）のように、労働組合に支持基盤を持ってはいなかった。一九一〇年に社会主義鉄道労組の創設を発議して、鉄道員に歓迎された程度である。その代わり学生の間での活動は活発で、多くの学生グループが党の構成に入っていた。ペテルブルグとモスクワの学生の間では、党の影響は特に顕著だった。

また党員数は一九一七年六月の第一回党大会でトルドビキと合同して、勤労人民社会党となった時点でも一万―一万一千人に過ぎなかった。帝政末期の極右政党・ロシア国民同盟が党員数四十万人と称し、ボリシェビキ、メンシェビキ両党がそれぞれ数万の党員を持っていたのとくらべて、いかにも劣勢である。しかし、人民社会党には権威と影響力のある多くの民主主義知識人が入党していた。例えば著名な党要人十六人のうち十三人が大学で学んでいる。これは国民の多くが文盲だった帝政ロシアでは異例のことだ。

また彼らの職業は経済および統計の専門家、法律家、弁護士、教授、作家、歴史家、林学者、化学者など、まことに多彩である。この豪華な顔ぶれは「教授の党」と呼ばれた立憲民主党と並び立つものであろう。さらに人民社会党にはボリシェビキ党のように、「革命を職業とする」職業革命家は一人もいなかった。

マルクスの思想をきびしく批判

次にペシェホーノフらのマルクス(一八一八―八三)批判も独特で興味深い。彼はマルクスの思想は特定の時代にとっては正しかったとしながらも、「正統マルクス主義は資本主義の発展での新しい傾向に反する」と指摘した。例えば現代では下層の階層での相対的な貧困化が維持されるとともに、すべての住民層の生活水準は絶対的に向上した。小さな社会グループへの富の集中はありそうにない。中産階層、事務職員層、自由職業の人々がたえず増大している。資本主義は経済を極度に多様化し、中小工業を絶対的、相対的に増大させている―という。

このような現代資本主義の分析に基づいて、人民社会党はマルクスのいう社会の分極化を否定し、中間層の増大を指摘した。ペシェホーノフによれば、マルクスの学説はすでに著しく風化し、美辞麗句に変わった。それは社会主義運動に損失をもたらし、共同闘争の可能性を見出すのを妨げている―という。

またマルクスは労働者階級（プロレタリアート）に社会主義革命と人間解放の担い手として別格の地位を与えていたが、人民社会党は「労働者階級」という用語自体を「勤労人民」という言葉に取り替えた。これは党はプロレタリアート、農民、知識人にひとしく依拠し、自覚を特定の階級・政党ではなく「全勤労人民の党」とみなしていたからだ。

さらに革命についても、人民社会党は独自の見解を持っていた。「革命、つまり資本主義から社会主義への移行は壮大な一回だけの飛躍ではない。一連の段階をへた長い道である」という。つまり支配体制を一気に打倒する暴力革命などではなく、「漸進的発展の社会主義を目指すものである」というのだ。

彼らの解釈では、社会主義はかつて資本主義が封建制にのめりこんでいたのと同じく、資本主義にのめりこむに違いない。社会主義者はこの過程に積極的に介入し、現行ブルジョア体制の内部で将来の社会主義体制の基礎を据えなければならないーということになる。これは20世紀後半にイタリア、日本などで論議を呼んだ構造改革論を先取りしたものであろう。

さらに国家観でも、人民社会党はマルクスの考えとは違っていた。「労働者は祖国を持たない」という彼の主張に対して、「祖国を持つ」との立場から第一次世界大戦では一貫して祖国防衛の立場をとった。それは勝利のためには内政改革が必要であるというもので、この点では専制政府を批判していた。同党のマルクス批判は、ベルンシュタイン（一八五〇ー一九三二。ドイツ社民党の著名な理論家。エンゲルスの親密な弟子）が19世紀末に行って、ドイツ、ロシアなどの社民党に絶大な影響を与えた批判（マルクスの根本教義が現実に合わなくなったと主張）のような反響を呼びはしなかった。しかし、ロシアのすべての社会主義政党の中で、第二次世界大戦（一九三九－四五年）後に社会主義インターナショナル加盟諸党の基本思想となった民主社会主義を、あの左翼急進化の風潮が強いロシアで最も早くに採用したのは人民社会党だった。

土地国有化は自治、協組の発展と一体

この党の最も重要な特徴は土地政策にあった。人民社会党は勤労農民に最重要の意義を与えていたが、農民の最大の関心事は土地の問題であろう。一九〇六年十一月の第一回党協議会で指針として採択され、後に第一回党大会で承認された党綱領は、国民経済の部分で土地制度についてかなりくわしく述べている。

要約すると、すべての土地・国有地、御料地（帝室所有地）、帝室直属地、教会、修道院の土地、私有地は国有化され、全人民の所有となる。農業用地は自身の勤労によって耕す人々にだけ引き渡される。水資源や地下埋蔵物も全人民の所有となる。土地の

人民への引き渡しに関する費用と支出は国庫負担で行われる。また全人民の土地フォンドの管理と運営は地方自治体が行う。党は国家と地方自治会があらゆる措置によって、勤労農業と協同組合経営に支援を与えることを要求する—といった内容である。

ここでいう地方自治会（ゼームストヴォ）とは農奴解放後、一八六四年に開設され一九一七年まで存続した地方自治機関のことだ。選挙で選ばれた県会と郡会からなり、初等教育、医療、道路整備、統計その他の分野を扱っていた。一八七〇年代以降、自由主義運動の拠点となる。人民社会党は地方自治会での「第三分子」（雇用された統計家、技師、医師、教師、農業技師らの専門家集団をさす）が、地方自治の発展で大きな役割を果たすことができると考えていた。そして彼らを「人民知識人」と呼び、彼らが地方自治会に新しい思想をもたらし、その刷新と人民との親交を促進することを期待していた。

また協同組合は第一次大戦直前の一九一三年には、三万以上、加盟者一千万人以上という発展をとげた。人民社会党はあらゆる形態の協組（消費、信用、生産協組）を発展させることが必要だと考えていた。帝政ロシアでは自由な政治活動が困難だったので、同党としてはこの近づきやすい協同組合運動に活路を求めた面もある。

ミハイロフスキーの思想を受け継ぐ

このような特色のある穏健社会主義政党・人民社会党はゲルツェン（一八一二―一八七〇）とチェルヌイシェフスキー（一八二八―一八八九）の人民主義思想の流れをくむ新人民主義の党だった。ゲルツェンはロシア最大の社会思想家、作家。貴族出身で、西欧派（西欧型近代化の必要を唱えた知識人グループ）。反専制、反農奴制の闘争を行って弾圧を受けたあと西欧に亡命した。ロンドンで雑誌を発行して故国ロシアの人々に自由と解放を訴えた。しかし、凡俗化した西欧の現実に深く失望し、スラブ派（正教信仰と共同体的生活原理を強調して西欧派と論争）により近づいた。

そして独特の「ロシア社会主義論」を唱えた。「ロシアは農村共同体を基礎に、西欧のような資本主義の段階をへず、その弊害を免れて、独自の社会主義を建設することができる」という主張である。またチェルヌイシェフスキーは雑階級出身の急進知識人を代表する人物である。二十五年におよぶ長期の懲役、流刑のあと、病気のため帰郷を許され、まもなく病死した。美学、文学、哲学、経済学の重厚な著書があり、人民主義理論の創始者の一人だった。

しかし、人民社会党に直接に、最も大きな影響を与えたのはミハイロフスキーであろう。社会学者、哲学者、評論家。小地主貴族の官吏の家庭に生まれ、ペテルブルグの陸軍鉱山技術専門学校で学ぶ。学生運動に参加したかどで放校。著名な雑誌「祖国雑記」で働く。同誌が閉鎖されたあと、さまざまな新聞、雑誌に寄稿。一八九二年には雑誌「ロシアの富」の主な編集者の一人となり、亡くなるまで働いた。人民社会党の創立者たちはこの興味深く、影響力の大きい雑誌の編集、執筆をしていた。

同誌の主宰者ミハイロフスキーは、困難にひるまない不屈の思想家だった。合法と非合法のきわどい瀬戸際で活躍し、多くの社会主義者と違って外国に亡命しなかった。彼の理論はロシアでの資本主義の発達を著書で実証したレーニン（一八七〇―一九二四）、ストルーヴェ（一八七〇―一九四四）その他からきびしく批判されたが、動揺することはなかった。

彼の著作には二つの時期が目立っている。第一の時期は一八六〇年代の半ばから八〇年代の半ばまでである。はじめは「人民の意志」党の革命的な社会主義に近かった。

しかし、彼はこの党の要人暗殺のテロ戦術には賛同しなかった。第二の時期は八〇年代の半ばからで、彼の人民主義は自由主義に徐々に発展していった。著書『進歩とは何か』（石川郁男訳、成文社、一九九四年）は広く知られた代表作である。これはミハイロフスキーが一八六九年に「祖国雑記」に発表したもので、それ以後、同誌に掲載された彼のすべての論文は知識人、学生に競って読まれ、絶大な影響を与えたという。

ただしミハイロフスキーの理論はかなり難解で、簡単に要約するのは難しい。ゼンコーフスキー著『ロシヤ思想家とヨーロッパ』（高野雅之訳、現代思想社、一九七三年）によると、彼が他のすべてに優先させたのはナロード（民衆）に関する思想である。またヨーロッパ文明には暗黒面があり、ロシアはヨーロッパの道とは違った歴史の道を開拓し得る。この「新しい特別な道」とは、共同体の原理を発達させて、新しい社会秩序を実現することだーという。つまり彼の「進歩の理論」は農村共同体を基盤とするロシアの非資本主義的な発展を、理論的に基礎づけたものなのだ。

この農村共同体（オプシチナ）とは土地を共同で保有するが、経営は個別で行い、耕地は定期的に割り替えをするという独特の共同体である。それは農民の自治組織であるとともに、専制体制側の支配の手段（徴税、徴兵など）でもあるという二重性を持っていた。一九〇五―〇七年の革命騒乱（失敗）のあと、ストルイピン首相が行った諸改革の核心である農業改革は、農民が自由意志で共同体を離脱し、耕作していた土地を私有地とすることを認めたものだ。

この政策は自作農創出によってロシア農業を近代化するとともに、離脱農民＝富農を革命の防壁にしようとするねらいがあった。それは人民社会党の方針とは正反対のもので、同党は強く反対した。結局、ストルイピンの政策は失敗に終わり、反対諸勢力が勝ったかにみえた。全農家の約二割が共同体を離脱し、その一部は健全な経営者となったが、没落して私有地を売却する農民が続出した。しかも農村共同体は二月革命後には、村ぐるみで近隣地主の土地を奪って分配するという急進化した組織に変わったという。

愛国心は人道主義とともに

人民社会党のもう一つの際立った特徴は、戦争や民族自決問題への対応で最も首尾一貫していたことである。同党は第一次世界大戦の開戦時から、祖国防衛の立場をとった。彼らは英独両国の対立が大戦争を引き起こすと、早くから予測していた。そしてドイツ帝国を戦争の主な張本人とみなしていた。ドイツは軍事力、経済力でロシア帝国にまさり、ロシアは敗退を続けることになる。

この状況下で人民社会党は①祖国の国家的統一と独立を守ることが最重要の市民の義務②すべての人民主義勢力など諸勢力を団結させ、国の防衛を組織化することが党の最重要の課題である——としていた。そのために共通の指導機関を創設し、新聞を共同で発行しようと試みた。しかし、人民主義全体の週刊紙「われらの生活」は一九一五年一月初めに第一号五万五千部を発行する予定だったが、発行人と編集者が警察によって逮捕され、全部数が押収された。こうして人民主義者の統一文筆行動の最初の試みは失敗した。

しかし、人民社会党は地方自治会や全ロシア都市同盟などの傷病兵支援、召集兵の家族への援助、野戦病院設立その他の活動に熱心に取り組んだ。また同党は愛国心を人道主義と組み合わせて考えていた。真の愛国心とにせの愛国心を区別し、民族主義に陥ったり、他国の国民文化を無視してはならないと訴えた。そして「ドイツ人ぎらい」

の風潮や反ユダヤのポグロム（集団的な暴行、掠奪）を非難し、ユダヤ人の権利制限をただちに廃止するよう要求した。

ロシアの状況からすると、これは非常に勇敢な行動だった。

さらに人民社会党は民族自決の問題でも、他の諸党に先んじていた。例えば長らくロシア帝国の支配下にあったポーランドの独立を主張し続けたことだ。他党はその自治拡大を主張はしても、独立承認にまでは踏み切れなかった。

一方、専制廃止後のロシアの政体については、人民社会党は慎重だった。党組織委員会が「民主主義共和国の樹立」を支持したのは、一九一七年の二月革命の直後のことだった。帝政期には党は「大衆にはまだ君主制主義の考えが根強くあり、ツァーリの権力や王朝の廃止を宣伝するのは難しい」と考えていたからだ。

このように人民社会党はボリシェビキ党とは対極の位置にある穏健社会主義政党だった。レーニンは同党を敵視し、その戦術方針に対してかなり多くの攻撃演説をした。「立憲民主党とあまり違いはない」。「トルドビキの極右派だ」などと酷評した。ソ連創建者のこうした攻撃は当然、ソ連の歴史学を制約し、人民社会党の客観的な研究は長い間できなかった。ソ連解体前後の一時期には革命と諸政党の歴史の見直しが行われたが、二〇〇〇年からのプーチン（一九五二―）政権下では社民諸派を含めて社会主義勢力は微弱である。

しかしボリシェビキ政権発足のあと行われた憲法制定議会の選挙結果はどうだったか。得票率はボリシェビキ党の二四％に対して、社会革命党は四〇・四％で第一党だった。他の社会主義諸党派と合わせて圧勝である。この議員選挙は帝政末期の国会議員の選挙やソ連でのおおかたの時期の議員選挙とは違って、比較的公正に行われた自由選挙だった。制憲議会自体は共産党政権によって強制解散させられたが、社会主義諸党派の優勢は土地改革などへの過剰期待も含めて、その思想が選挙民にかなり受け入れられたことを示した。

それから百年。ロシアは特異な専制政治と縁故・人脈資本主義の渦中にある。しかし、自由市場経済が正常に機能し、中産階級と専門職知識人の階層がたくましく育つようになれば、自由と諸権利を制限し、情報統制を行う時代遅れの専制統治を続けるのは難しくなる。群衆の「強大国ロシア」への幻想に訴えて、高い支持率を得る戦術がいつまで有効だろうか。小なりとはいえ、賢い人民社会党はロシア国家再生への貴重な鑑になり得ると思う。

人民社会党綱領（要旨）

◇人と市民の諸権利

ロシアのすべての市民は性、民族、信教の別なく法のもとに平等でなければならない。従って男女、ロシア人、ポーランド人、アルメニア人、タタール人、ユダヤ人の別なく、ロシア正教、カトリック、新教、イスラム、古儀式派、福音派の別なく、すべての市民がひとしい権利を得なければならない。

貴族、町人、商人、農民およびその他の称号は廃止されなければならない。それらの称号に代わって、全市民にとって一つの共通の称号・ロシア市民が制定されなければならない。

すべての市民は良心と信教、口頭および印刷物による言論（本、新聞、ビラ）、集会、結社、ストライキの完全な自由への不可譲の権利を得なければならない。

すべての市民はさらに請願書を作成し、政府に提出する権利を得なければならない。

身分証明書は廃止され、どこにでも居住する自由、ロシア中を移動し、外国の諸国家に赴く自由が確立されなければならない。警察による捜索、逮捕、監視からのすべての市民の個人、住居、書簡の不可侵が確立されなければならない。

◇最高統治

わが党はロシア国家では、民主主義が最も完全な、完成した形で樹立されることを目指している。国民代表者の議会は国民によって選出された一院(国家会議)からなる。従って第二院または国家評議会は存在すべきではない。

国民代表者たちの議会への選挙は普通、直接、平等、秘密投票によって行われる。二十歳以上の者により、性、民族、信教の別なく行われる。国民代表者の議会は完全な立法権を得るべきである。いかなる法律も議会の意思によるほかは公布され得ない。議会によって採択された法律はいかなる他の権力によっても、停止または廃止され得ない。

議会は国家歳入歳出表を制定する権限を持つべきである。国民代表者たちの議会は政府のすべての行動を監督し、管理する権限を持つべきである。議会が信任を表明する人々だけが閣僚となり得る。

◇**地方および地域行政**

地方自治会、市、村の自治はどこでも広範な、民主主義的な基礎のうえに、性、民族、信教の別なく、普通、平等、直接、秘密投票によって築かれなければならない。徴税、国民教育、警察の警備を含むすべての地方の事業は地方自治の管理に入れられる。

各地域、例えばポーランド、カフカス、バルト地方、シベリアおよびその他の地域の住民は自治を、すなわち、地域の自決を導入し得る。このために普通、平等、直接、秘密投票に基づく地域議会が選出される。

◇**裁判所**

全市民にとってひとしい公開および独立の裁判所が設けられなければならない。より重要な事件は陪審によって審理される。裁判所の取り調べの当初から、被告は弁護士の参加のもとで弁護される権利を持つ。

◇行政

すべての特殊な法律、すなわち、強化された特別警備保安（注・革命運動の取り締まり）に関する規定、戒厳令などの規定はただちに廃止されなければならない。すべての行政部門では、公務員は現地で、できれば選挙制で決定される。

最上層から最下層に至るすべての官吏と公務員は、すべての民事および刑事事件では全市民とひとしい共通の手続きで裁判にかけられる。国家および公共機関でのすべての官吏と事務職員は、全市民とひとしい集会、結社、ストライキの権利を持つ。

◇軍隊

常備軍は国の防衛のために実際に必要な限度にまで削減されなければならない。兵役期間は軍事への訓練のために実際に必要な期間にまで減らされる。この期間はいずれにせよ二年を超えてはならない。党はさらに全国民義勇軍（民兵）によって常備軍を取り替えることに導く他のあらゆる措置を要求するであろう。

◇国民経済

土地制度＝土地の国有化が実施されなければならない。すなわち、すべての土地が全人民の所有とならなければならない。農業のために指定された土地はその土地を耕す人々にだけ引き渡される。すべての土地・御料地（注・帝室所有地）、帝室直属地、教会と修道院の土地、私有地はただちに国有化され、全人民の土地フォンドに入る。

水資源、すなわち、漁獲、水飲み場の権利、河川、湖、海を周遊する権利、また地下埋蔵物、すなわち、土地の内部を掘り出し、金（きん）、鉄鉱石、銅鉱石、石炭およびその他を採掘する権利が全人民の所有となる。

国有地、御料地、帝室直属地、教会、修道院の土地は、買い戻しなしに土地フォンドに移行する。私有地については、党は土地が人民の側からの最小の支出と犠牲のもとで、全人民所有に移行するような状況を達成するであろう。また党は土地の人民への引き渡しに関する不可避の費用と支出が、国庫（全国家的な）負担で行われるよう全力をあげる。

地主の土地に対する補償はできるだけ少なくするべきだ。すなわち、地主階級が窮乏に陥り、新しい生活条件に適応するために必要な金額を超えるべきではない。

すべての部類の分与地はそれらの所有者たち・農民、コサック、入植者および他の同様の人々のために残される。しかし、これらすべての土地に対しては、土地がある人々の手中に蓄積されないように、まさに勤労経営がそのうえで行われるような措置が採択されなければならない。さらにこれらの措置は、すべてのこのような土地の全人民的所有への漸進的な移行を促進しなければならない。

土地フォンドの管理と運営は地方自治体に属している。優良地を劣悪地と均等に扱うためには、優良地に対する特別税を制定しなければならない。党は国家と地方自治会があらゆる措置によって、勤労農業、特に社会的経営と協同組合経営に支援を与えるよう要求するであろう。

労働者階級＝　立法によって一日八時間（週四十八時間）を超えない労働時間が制定されなければならない。

勤労階級の保険＝　全勤労者のためのさまざまな必要のための保険、特に老齢および労働能力喪失の場合の保険が制定される。

国家の歳入と歳出＝　所得が高ければ高いほど税率が大きくなる累進所得税が実施される。同じ累進税は相続に対しても実施される。

国家、地方自治会、都市経済＝　党は国家と地方自治会が住民のさまざまな需要を、例えば安い住宅の建設、医療、国民経済の改善およびその他の勤労人民の需要を広くみたすことについて配慮することを目指す。また社会および国家機関のすべての企業、例えばガス工場、発電所、水道、鉄道などは、それらの管理に労働者と事務職員が積極的に参加して運営されなければならない。

◇国民教育。教会の地位

すべての市民は教育を受ける権利を持つ。教育は初等、中等、高等のすべての段階で無償でなければならない。国民学校での教育と学習は生徒たちの（母）国語で行われる。中等および初等学校の一般的な管理は地方自治体に引き渡される。学校は自らの内部問題では自治権を持つ。

教会の問題は国家から分離されなければならない。学校と学校教育は教会から独立したものでなければならない。

◇諸国民間の関係

わが党は戦争を最大の悪とみなしているし、戦争の断固たる反対者である。党は諸国家の全面的な軍縮と諸国民の相互の合意による戦争の停止を促進するであろう。党は諸国家間の衝突が平和的な方法で解決されることを目指す。このような衝突を解決するためには、特別の国際機関が創設されなければならない。

それとともに党はすべての国のすべての勤労者が共通の、ひとしい利害を持っていると考えている。それゆえ党はロシアの勤労住民が他の国々の勤労住民とできるだけ大きく接近することを目指すであろう。

党の主な要求は、国民の運命は国民自身によってつくりあげられなければならないということにある。それゆえ党は普通、平等、直接、秘密投票に基づき、性、民族、信教の別なく市民たちによって選出される絶対的な権限を持つ憲法制定議会の創設を達成するであろう。

人民社会党の要人たち

▽アレクセイ・ペシェホーノフ（一八六七―一九三三）

ミャコーチン、アンネンスキーとともに、人民社会党の発起人、創立者で、最も積極的な理論家、活動家だった。モスクワ北西のトヴェリ県の村で、司祭の子として生まれ育った。家は極貧で、こどもが多かった。トヴェリの神学校を優秀な成績で卒業したが、次の中等神学校で独学サークルをつくったことで一時逮捕、非合法の雑誌を発行したとして放校された。

彼は自由思想ゆえに系統的な教育を受けられなかったが、これは大学で学んだ要人がほとんどの人民社会党では異例のことだ。しかし、彼は持ち前の才能とねばり強さのおかげで、定評のある文筆家、評論家、経済および統計の専門家となった。

一八九〇年代の初めにトヴェリに定住し、同県での統計調査に参加した。一八九一―九二年にはロシア知識人の第二次「人民の中へ」運動に参加。測量技術を学んで測量技師となり、九三年からはロシア西部オリョール県で統計局に勤務。民権党（テロ闘争を行う非合法政党）に加盟したかどで五カ月間投獄された。彼はこの党のリーダーたちと知り合い、同党を支援してはいたが、テロ闘争に原則的に反対して入党してはいなかった。この事件で彼は地方自治会での勤務を永久に禁止された。

そこで社会評論家となり、新聞、雑誌に発表した論文で農民に対する人民主義的な見解の基礎づけをして、知られるようになった。一八九八年にはミハイロフスキーの雑誌「ロシアの富」に招かれ、「国内生活ニュース欄」の常任寄稿者となった。その一方で彼は民間保険会社の統計局長となり、首都ペテルブルクに引っ越して反政府活動を活発に行った。一八七〇年代の人民主義の伝統を復活させ、専制政治との闘争のために、革命勢力と反政府勢力を団結させようと努めた。このため二年間、首都から追放された。

一九〇〇年代の初めからペシェホーノフは「政府の横暴に対する極端な手段」として、テロ行為を承認しはじめ、社会革命党の戦闘団、特に守旧反動のプレーヴェ内相に対するテロ行為（暗殺）に応分の支援を与えた。また立憲民主党の前身・解放同盟の創立大会（一九〇四年一月）では同盟評議会員に選出された。しかし、同盟指導部の間で日露戦争にからんで排外主義的な風潮が高まったとして、解放同盟から離脱した。また「血の日曜日事件（一九〇五年一月九日。首都での労働者らの平和な請願デモに軍隊が発砲、多数の死傷者）では知識人の代表者とともに弾圧防止を試みて逮捕され、約一カ月監禁されたあと首都から追放された。

一九〇五－〇七年の革命騒乱（失敗）の渦中で公布され、市民的自由と国会選挙権の拡大などをうたった一九〇五年の十月宣言（皇帝の詔書）については、彼は首尾一貫した民主主義者として甘んじることはできなかった。しかし、宣言のおかげで「ロシアのいっそうの民主化のための闘争の平和な、合法的な可能性が現れた」ことは評価していた。十月宣言のあと、開かれた人民主義政党を創設する試みに彼は社会革命党指導部および「ロシアの富」の評論家たちとともに着手した。社会革命党の第一回党大会（一九〇五年十二月二十九日－〇六年一月四日）では、党に関するこのような提案は拒否されたが、ペシェホーノフは開設された国家会議（下院）でのトルドビキ会派の結成とその綱領の作成に積極的に参加した。彼自身が全ロシア農民同盟の総組織委員会に入っていて、農民運動とかかわりがあった。彼はトルドビキが国家会議に提出した有名な「百四条農業法案」に、農民大衆の諸要求を最も完全に反映させた。

こうして合法的な人民主義者たちは党綱領を討議し、党組織委員会を創立した。党綱領は一九〇六年夏、ペテルブルクで第一国会が開催中に作成された。そして同年十一月に第一回党協議会が指針として採択した。綱領は最終的には一九一七年六月、勤労人民社会党の第一回党大会で承認された。当時は二月革命で帝政は倒壊しており、国会を中心とする臨時政府と、社会主義諸党の代表者会議であるかのような労働者・兵士ソビエト（評議会）の「二重権力」が併存していた。ペシェホーノフは人民社会党の代表者として、ソビエトの執行委員会に入った。また、五月二十六日から八月二十六日まで臨時政府の食糧相だった。穀物の独占および穀物と食料品の分配の調整を行ったが、彼の同意なしに穀物価格が二倍に引き上げられたため辞任した。

十月のボリシェビキ党による政権奪取には否定的な態度をとり、彼らと闘うための広範な連合の創設を支持した。非合法の反ボリシェビキ団体・ロシア再生同盟の創始者および積極的な活動家だった。一九一八年二月には人民社会党の中央委とともにペトログラードからモスクワに移転した。合法的に生活し、党出版物の編集をし、集会でボリシェビキ政権の政策を批判する演説をしていた。同年七月に逮捕されたが、デミヤン・ベードヌイ（一八八三―一九四五。風刺詩で知られる）の請願によって釈放された。人民社会党中央委員会が壊滅させられ、党が地下活動に追い込まれたあと、南部に赴いて赤軍と戦う白衛軍に参加。キエフ、オデッサなど各地で暮らした。ウクライナの統計局長となり、飢餓の人々への救援委員会に加わった。

一九二二年七月にモスクワの街頭で逮捕、同年十月、他の政権批判の知識人とともに国外追放された。リガ、プラハ、ベルリンで暮らす。亡命先でもロシア情勢を注意深く観察して、一連の著作を書き上げた。また彼はボリシェビキの独裁で用いられた方法には否定的だったが、強い国家権力と国有化の原則の支持者として一定の評価はしていた。国家機関を復興し、革命と国内戦でゆらいだ国家権力の権威を人々の意識に広く定着させた――というのだ。また彼は亡命知識人の帰国の主唱者で、一九二五年には離党した。ベルリンやプラハでソ連の全権代表部に帰国の申請をしたが拒否され、ラトビアのリガで死去した。

▽ベネディクト・ミャコーチン（一八六七―一九三七）

質朴で、たくましい感じのペシェホーノフとは対照的な面長の顔立ちで、いかにもインテリ風の美男子。父は郵便局長。ミャコーチンはペテルブルク大学歴史・言語学部を卒業した。ロシアの農民と社会運動の歴史家セメフスキーに師事し、学問研究のため大学に残る。アレクサンドル・リッェイ（帝政ロシアの中等、高等の男子貴族学校）および軍・法学大学でロシア史を教える。一八九三年から「ロシアの富」の常任寄稿者。一九〇四年から編集部員（「国内生活ニュース欄」担当）。

一八八〇年代後半には、非合法の人民主義の代表者たちとの接触に入った。一九〇〇年代の初めからは民主主義および自由主義知識人の集まりで演説。バンケット（宴会）運動を推進した。これは自由職業人の宴会を催して政治的な要求をする解放同盟の戦術である。またミャコーチンは社会革命党の結成を支援し、一九〇一年と〇二年に逮捕、ペテルブルクから追放された。一九〇四年秋には首都に戻ることを許された。〇五年一月には「臨時革命政府に所属していた」として逮捕、一カ月後に釈放された。そのような企ては実際にはなかった。また彼は法案の審議権だけで決定権のない「ブルイギン（内相）国会」のボイコットを唱え、第一国会への選挙のボイコットも主張した。

それとともにトルドビキの組織化、綱領と戦術の作成に積極的に参加した。一九一一―一二年には反政府の著作を発行したかどで九カ月間投獄。二月革命後、第一回勤労人民社会党大会で党中央委議長に選出された。またボリシェビキ党による政権奪取には極端に否定的な態度をとり、彼らの独裁を打倒するために社会革命党から立憲民主党に至る反ボリシェビキ連合を創設しようと努めた。「ロシア再生同盟」を創立し、指導者の一人となった。党が迫害され、非合法活動に移ると、デニキン将軍の白軍の支配地域を転々として白軍を支援し、デニキン政府の民主化を目指した。

一九二〇年八月に「再生同盟」事件で逮捕、モスクワで二カ月間投獄されたあと、欠席裁判で死刑の判決を受けた。しかし、十月革命三周年ということで五年間の強制労働刑に取り替えられた。七カ月間監禁されたあと、一九二一年四月に著名な作家コロレンコ（一八五三－一九二一年。元人民主義者）の請願によって、「病気の全快に至るまで」として釈放された。一九二二年末に帰国の権利なしに国外追放。ベルリン、プラハ、ブルガリアの首都ソフィアで暮らし、ソフィア大学ロシア史学科教授。欧州各地に講演旅行をし、回顧録を書いて出版した。ミリュコフ（一八五九－一九四三。歴史家、立憲民主党の実力者、臨時政府外相）監修の三巻本『ロシア史』の四つの章を書いた。この本の第二巻のための史料収集のためソフィアからプラハに赴き、肺炎でプラハ大学病院で死去した。

▽ニコライ・アンネンスキー（一八四三―一九一二）

19世紀ロシアの人民主義運動の先達。ペテルブルクで官吏の子として生まれる。オムスク陸軍士官学校を卒業し、ペテルブルク大学法学部の入試に合格。国家監督諸機関で働き（一八六七―七三年）、キエフ大学歴史・言語学部で修士号。鉄道省統計部に勤務。彼は学者としての関心事を、評論および社会活動と密接に組み合わせていた。一八六〇年代末から人民主義運動に参加。トカチョフ（一八四四―八六。過激な革命理論家。亡命先で死去）の事件に関連して逮捕されたが、証拠不十分で釈放。トカチョフの妹と結婚していた。一八七〇―八〇年代には「土地と自由」および「人民の意志」党を支援した。アレクサンドル二世暗殺未遂事件のあと逮捕されたが、一万ルーブルという巨額の保釈金で釈放。一八八〇年二月に再び逮捕され、西シベリアのトボリスクに流刑となる。三月からカザン県に移り、県統計部長、ペテルブルク市役所統計部長などを務めた。彼は地方自治会統計家の組織者の一人だった。

アンネンスキーは一八九五年から「ロシアの富」の編集部員で、長い間「国内生活ニュース欄」を担当。ミハイロフスキーの死去（一九〇四年）のあと、同誌の編集長となる。解放同盟副議長。多くの反政府同盟に加わり、自由主義および急進知識人のさまざまな集会で議長をした。作家、ジャーナリスト、専門職業家同盟の指導者の一人で、第一回全ロシア作家大会（一九〇五年）の議長をした。この間、逮捕、投獄、追放が繰り返され、晩年の数年間は病気のため政治活動から離れた。

▽**ワシーリー・セメフスキー（一八四八－一九一六）**

人民社会党組織委員会の権威のある委員。ロシアの農民および社会・政治運動史の歴史家。一八九〇年代と一九〇〇年代の初めに、支配体制に反対する知識人のさまざまな抗議行動に参加した。

▽**アレクサンドル・チトフ（一八七八－一九五八以後）**

企業家として有名な古文書学者、民俗学者A・チトフの息子。モスクワ大学理学部に入学したが、学生運動に加わったかどで退学させられ、いなかに追放された。ライプチヒ、ベルリンの両大学で学び、ライプチヒ大で博士号。彼はロストフ市で大商工企業を父親から継承した。人民社会党モスクワ・グループを創立。モスクワ大学専任講師、モスクワ市会議員などを務めた。

▽セルゲイ・メリグーノフ（一八七九―一九五六）

貴族の出身。父は歴史家、教育学者。メリグーノフはモスクワ大学歴史・哲学学部を卒業。ロシアの教会史、18―20世紀の社会および革命運動の歴史に関する一連の学術著作がある。一九〇七年から人民社会党の党員。第一回勤労人民社会党大会で党中央委副議長に。レーニンらの政権奪取に強硬に反対し、非合法の反ボリシェビキ団体「ロシア再生同盟」に参加。一九一八―二二年にたびたび逮捕。死刑判決を受けたが、大物無政府主義者クロポトキンらの力添えで禁固十年に減刑され、国外追放された。

ベルリン、次いでパリで暮らし、二月革命、いわゆる十月革命、国内戦について貴重な内容のシリーズ本を書いた。亡命の全時期にわたって反共産主義団体の創設に尽力したが、成果はあがらなかった。第二次世界大戦ではファシスト占領軍とのあらゆる形の協力を拒否し、戦後、フランスで死去。

▽ウラジーミル・チャルノルスキー（一八六五―一九四一）

貴族・地主の息子。一八八〇年代の半ばにモスクワ大学で学ぶ。革命的人民主義者たちと関係を持ったとして、大学とモスクワから追放された。のちにカザン大学法学部を卒業。一九〇〇年代の初めには解放同盟の結成に積極的に参加し、同盟評議会員に選出。一九〇四年一月に逮捕され、ロシア北端のアルハンゲリスクに流刑。しかし、秋には流刑先から戻り、民主主義知識人の運動に積極的に参加した。

一九〇八年からは主に国民教育の問題で学術書を書いた。二月革命には積極的に参加し、ペトログラード・ソビエト執行委では人民社会党の代表者の一人。一九一七年四月には全ロシア教員大会の議長を務め、臨時政府の教育政策を批判する演説をした。晩年はモスクワのレーニン図書館で働く。

ドイツとロシアの社民党

深い絆をレーニンが断つ
「右派」の力が明暗を分ける

はじめに

二〇一七年のロシア革命百周年を前に、ドイツとロシアの社民党の長い歴史を比較対照するのは大きな意味がある。ドイツでは社会民主党はすでに、第一次世界大戦（一九一四―一八年）後のワイマール共和国で主役だった。第二次世界大戦（一九三九―四五年）後には保守政党・キリスト教民主・社会同盟との大連立で、次に自由民主党との小連立で政権を担当した。21世紀のいまでも、有力政党としてドイツとヨーロッパの政界で重きをなしている。

一方、ロシア社会民主労働党は共産党との権力闘争に敗れ、共産党政権下で非合法化され弾圧された。ゴルバチョフ政権（一九八五―九一年）の末期にやっと復権し、「人民の敵」とされていた社民党指導者たちの死後名誉回復が行われた。しかし、21世紀がだいぶ過ぎたいまになっても、社民党派は政治勢力としては微弱なままだ。これはいったい、なぜなのか？ロシアでの専制政治の伝統の根強さ、市民社会と民主主義制度の未成熟、反西欧主義の風潮その他の要因がからんではいるが、私は特に社民党右派の弱さと、決定的な局面での同党左派指導者らの共産党政権への対応の誤りをあげたい。

独社民党が政権に返り咲くまで

ドイツ社民党は一八六九年(明治二年)にドイツ社会民主労働者党として創立された。マルクス主義を基本思想とするこの党は、鉄血宰相ビスマルクによる社会主義者鎮圧法のもとでの弾圧に耐え抜いた。一八九〇年にこの法律が廃止されると、党員数と帝国議会の議員の数を着実にふやしていった。

そして同党は国際労働運動での最も強力な、最も影響力のある大政党となった。党員は一九〇六年の三十八万四千三百二十七人から年ごとにふえ、一九一四年には百八万五千九百五人となった。百万人を超える躍進ぶりだ。帝国議会の議員もまた、一八九三年の四十四人から一九一二年には百十人にふえた。社民党はこの年、投票総数の三四・八二％を得て、議会の第一党となっている。

またドイツでは一八九〇年代から20世紀にかけて、労働組合運動が非常に発達した。一九一二年の年平均組合員数は二百五十三万三百九十人に達している。社民党の支持基盤である中央組合は多くの資産を持っていた。また社民党と労組は六十以上の定期刊行物と大量の本、小冊子を出版していた。

帝政ドイツは第一次世界大戦で敗れて、ワイマール共和国となった。社民党はこの新生民主共和国では、当初は議会第一党として連立内閣の主役だった。その後も有力政党として、この共和国を支え続けた。同党はナチス・ドイツでは非合法化され、弾圧された。幹部は亡命か投獄、処刑かのきびしい試練にさらされた。

ナチス・ドイツは第二次世界大戦で敗北して滅んだ。戦後の西ドイツでは、キリスト教民主・社会同盟を中心とする親米連立政権が長く続いた。ブラント党首の社民党は一九六六年にこの党と大連立をして、長期の中断のあと、ついに政権に返り咲くことができた。次いで一九六九－八二年には第三党の自由民主党との小連立内閣（ブラント首相、次いでシュミット首相）が続いた。ブラントの「新東方政策」でソ連、中欧・東欧共産圏諸国との関係が改善された。その後もシュレーダー首相の社民党の「緑の党」

との連立内閣が、七年間（一九九八―二〇〇五年）も続いたことがあった。

　このように社民党が復活を果たしたのは、戦後に党の新綱領（一九五九年。バート・ゴーデスベルク綱領）でマルクス主義を放棄したことによる。同党はすでにドイツの国防を肯定し、民主社会主義の諸政党からなる社会主義インターナショナルに加盟していた。現実主義的な内外政策への転換である。

露社民党は分裂と敵対

　一方、ロシア社会民主労働党ははやばやと分裂し、ボリシェビキ（多数派）と称するのちの共産党と敵対して共産党政権下で弾圧された。19世紀末に発足した同党は実質的な創立大会である第二回党大会（一九〇三年。ブリュッセル、次いでロンドン）で、レーニン（一八七〇―一九二四）派とマルトフ（一八七三―一九二三）派に分裂した。レーニンは少数の職業革命家からなる地下活動中心の前衛党を主張し、労働者大衆党を目指すマルトフらと対立した。そして本来の社民派をメンシェビキ(少数派)と呼び、社民派には不利なこの党派名が定着してしまった。のちに両派は独立の党となる。

一九一七年の二月革命で帝政が終わり、国会を主体とする臨時政府が発足。ソビエト（労働者・兵士評議会）との「二重権力」が生じた。社民労働党の大半は臨時政府を支持し、内閣改造のさいに閣僚を出しさえした。これに対しレーニンは同年四月に亡命先から帰国すると、第一声で「臨時政府を支持せず、全権力をソビエトへ！」と叫んだ。

次いでレーニンは十月に、兵士と労働者の一部の武装蜂起によって難なく非力で無警戒な臨時政府を打倒し、政権を樹立した。いわゆる十月革命である。しかし、ボリシェビキ党は翌月に行われた憲法制定議会の議員の選挙では二四％の得票にとどまった。一九一八年一月に同議会が開催されると、彼は武力で解散させた。こうしてロシアは悲惨な国内戦（一九一八―二一年）に突入した。

このような歴史を背負った社民労働党の党員数はごくわずかだった。これは非合法、半合法の状態が続いていたことにもよる。革命騒乱の年一九〇五年の夏ごろの党員数は、ボリシェビキが一万四千人、メンシェビキが一万二千人だった。騒乱が失敗に終わる一九〇七年には前者は約六万人、後者は四万五千人だった。これはドイツ社民党とはくらべるべくもない貧弱な数字だ。また帝政期の国会議員の数では社民労働党議員団は、一九〇六年の第一国会の召集時には全議員四百九十九人のうち十八人、第二国会では同調者を含めて六十五人だった。次の第三国会では十九人、最後の第四国会では十五人にすぎなかった。これでは議会での同党の影響力はほとんどなかったといえるだろう。

さらに革命前のロシアでは、工業は19世紀末から急速に発展してはいたが、圧倒的に農業国・農民国だった。一八九七年に行われた国勢調査では、総人口は一億二千五百六十四万二十人。そのうち農民は七七・一二%を占めていた。つまり国民の八割近くが農民だった。これに対し全産業の労働者数は百三十一万人(一八八七年)から二百九万八千三百人(一八九七年)にふえた。しかし、人口に占める労働者層の比率は微微たるものだ。しかも農民の大半は文盲で、労働者層もまた都市に集中した近代的な労働者階級ではなかった。

また英独両国では労働組合は政党に従属せず、国の政治・経済に大きな影響をおよぼしていたが、ソ連では労組には共産党の方針を労働者大衆に伝えて貫徹させる「伝導ベルト」の役割があてがわれた。労組は賃上げや労働条件の改善に自主的に取り組む組織体ではなかった。しかも労働者出身で、国内外の労働運動で活躍したシリャプニコフ（一八八五—一九三七）は「労働者反対派」のリーダーとして抑圧され、スターリン時代の粛清期に銃殺刑に処された。全ソ労働組合中央評議会議長だったトムスキー（一八八〇—一九三六）はのちに「人民の敵」とされ、粛清裁判にかけられる直前に自殺している。

労働運動と市民社会の成熟にへだたり

このような労働運動での違いに加えて、市民社会の成熟度でもドイツとロシアの間には大きなへだたりがあった。第二次世界大戦で敗れたドイツはひどい戦災から急速に復興、発展した。それは「奇跡」とさえ呼ばれた。私は一九六四年夏、中欧・東欧六カ国を回る長旅の出発点として、西ドイツ（当時）のフランクフルトを訪れた。マイン河畔のこの国際商業・金融都市は栄えに栄えていた。その二年後に暮らし始めたソ連の首都モスクワのなんとも貧寒な情景とは、まったく対照的だった。

このような戦後の西ドイツのめざましい発展は、アデナウアー（一八七六―一九六七。旧西ドイツの初代首相。在任一九四九―六三年）の政権が推進した「社会市場経済」という徹底した自由経済政策の成功による。米国などの膨大な経済支援も、労働運動の労使協調路線も、経済再建を早めた。

一方、ソ連は「社会主義計画経済」という非能率で中央集権的な官僚統制経済を改革することができなかった。のちに「停滞の時代」と呼ばれるようになったブレジネフ書記長ら守旧派の政権が、なんと一九六四年から十八年間も続いた。この間、ソ連は大陸間弾道ミサイルをはじめ、おおかたの兵器保有量では米国を上回りさえした。しかし、ソ連経済は急速な技術革新という最重要の分野で西側世界に対して著しく立ち遅れた。国民の生活水準も引き離されるばかりだった。

一九九一年にソ連共産党の支配が終わり、同年末にソ連が解体してロシア連邦となったのは、自由市場経済によって国を衰退から再建する好機の到来だった。ロシアの不幸は日本とドイツの戦後復興の経験に学ばず、取り入れなかったことにある。エリツィン・ロシア連邦大統領の政権はソ連共産党の解散、ソ連の解体、さらに反抗的な議会の制圧では手腕を発揮したが、突然の価格自由化によってひどいインフレを引き起こした。またエリツィン一家をはじめとする汚職の広がりを招いた。ただし経済失政と混乱の中で、学問研究と出版の自由が拡大し、歪められた歴史の見直しが進展したことは重要である。

しかし、ロシアでは政治、経済の刷新は行われなかった。野党側では民族主義的で守旧派のロシア連邦共産党が極右の自由民主党とともに、国家会議（下院）で引き続き一定の議席を占めている。社民主義の諸グループは小さくて非力で、議員を送り込めないでいる。では、ドイツ社民党がいつでも政権を担当できる有力な政党であるのに対して、復活したロシアの社民勢力はなぜこのように弱小なのだろうか。

その理由としては主に①古来の専制政治の伝統と慣習の根強さ②市民社会と法治国家の未成熟③中産階級が十分に育っていなかったこと―があげられる。

三百年余も続いた帝政ロシアの皇帝らによる専制政治の伝統は、二〇〇〇年からのプーチン大統領（一九五二―）の政権下でも生き残っている。ソ連時代に秘密警察の諜報将校として活躍した彼が実権を握り、自身の人脈に属する幹部に高い役職と利権を分かち与えて統治するという仕組みである。また国家会議議員の選挙では、立候補に必要なむずかしい条件と許可制、必要得票率による少数派の切り捨て、政権側による選挙戦でのマスコミ利用の独占といった露骨な反政権野党の阻止策がとられている。

こうして下院では翼賛与党の「統一」が議席の過半数を占めている。この党の長文の規約を読むと、「旧ソ連共産党以上に屋上屋を重ねる複雑な機構の官僚主義政党」との印象を受ける。この党への支持率も下降しているので、プーチンは二〇一一年には国民戦線型の政権支持の大衆政治組織を新設して、テコ入れを図ろうとした。また彼は新聞とテレビ局のほとんどを統制下におき、世論を誘導した。大衆の間に広くある「強腕指導者」崇拝の風潮もおおいに利用した。そのために人目を引くさまざまなパフォーマンスを行ってみせた。

次に②の問題はロシア内外の多くのロシア史研究者が認めているものだ。たとえば、19世紀のドイツでは資本主義の発展の国民的な道が確立された。市民社会が成熟し、教育が普及し、識字率は一〇〇％近くに達していた。これに対してロシアでは、市民社会も法治国家も形成されてはいなかった。最後の皇帝ニコライ二世（一八六八－一九一八。在位一八九四－一九一七年。共産党政権によって皇帝一家は皆殺し）は革命騒乱を収拾するために、一九〇五年に「十月宣言」を公布した。この詔書は市民的自由と国会議員選挙権の拡大、立法的議会の開設などを約束した画期的な文書である。

この宣言が発展させられて専制から立憲君主制への着実な移行が行われていたならば、ロシアでも市民社会と法治（法律によって国を治め、政治を行うこと）の成熟への道が開かれたかもしれない。しかし、皇帝は専制政治に固執し、国会と対立して退位に追い込まれた。これが二月革命である。その後の大混乱と十月暴力《革命》、それに続く国内戦、さらにソ連共産党の一党独裁体制下では、市民社会も法治もあり得なかった。

しかし、現在のロシアでは歪んだ形ではあれ、資本主義経済が発達し、中産階級が育ちつつある。またインターネットが発達し、彼らの政治上の主張を広める武器となっている。中産階級の政治的影響力が、今後どれほど拡大するかは注目に値する。

独露社民党は兄弟のように親密

ここでドイツとロシアの社民党の歴史を振り返ると、仲の良い兄弟のように親密だったことが分かる。前者の創立は一八六九年、後者のそれは一八九八年だから、独社民党は三十歳近く年長だった。ともにマルクス主義を信奉していた。プレハーノフ（一八五六―一九一八）、レーニン、マルトフをはじめ指導者の多くはドイツ語が得意だった。プレハーノフはマルクスの『共産党宣言』をロシア語に翻訳し、レーニンはドイツ語で演説することができた。

とりわけスイスに亡命していたプレハーノフら「労働解放団」の面々は、ドイツ社民党と密接な関係にあった。同党首脳は機関紙誌の紙面をプレハーノフに喜んで提供した。この深い絆を断ち切ったのはレーニンである。彼は第一次大戦でドイツ社民党が戦費に賛成するなど政府の戦争努力を支持したことに怒った。同党の代表的理論家カウツキー（一八五四―一九三八）が、いわゆる十月革命を反民主主義と非難したことに激しく反発し、反論の小冊子のタイトルでも「背教者カウツキー」とののしった。

このレーニンは第一次大戦でゆらいだ第二インターナショナル（社会主義政党の連合体）に対抗して、共産主義インターナショナル（ロシア語略称コミンテルン）を創立し、ここに分裂は決定的となった。レーニンの後継者・独裁政治家のスターリンに至っては、ドイツ社民党をナチスと同一視する「社会ファシズム論」を唱え、同党を「主要な敵」とさえきめつけたほどだ。これは大変な誤りで、ナチスによる政権獲得と社共両党の壊滅を助けたことになる。

国内戦で赤軍支持の誤り

では次に、人材と理論水準ではむしろ優位にあったメンシェビキ（本来の社民党）はなぜ、ボリシェビキに勝てなかったのだろうか?。主な理由は①権力への執念の弱さ②カリスマ性（大衆を心服させる教祖的な能力）を持つ首領の欠如③党の民族的構成と要人の病弱④国内戦での赤軍支持の誤り―などにあると思われる。

まずレーニン、トロツキー（一八七九―一九四〇）らボリシェビキ首脳は権力奪取に執念を燃やし、武装蜂起によってそれに成功した。これに対しメンシェビキ側は合法性にとらわれて、権力獲得への意欲が乏しかった。また彼らはレーニンのような特異な魔力で遅れた大衆、兵士をひきつけるマキャベリストの統率者を持たなかった。さらにメンシェビキにはマルトフ、アクセリロードのようなユダヤ人、ツェレテリ（一八八一―一九五九。第二次臨時政府に通信相として入閣）のような少数民族グルジア人の比重が高かった。ボリシェビキ要人にもトロツキーをはじめ実に多くのユダヤ人がいたが（スターリン時代におおかた粛清死）、この党の中核はやはり多数民族のロシア人だった。さらにメンシェビキはプレハーノフ、マルトフ、ポトレソフのような結核患者をかかえ、ツェレテリもアクセリロードも病弱だった。このこともこの党の悲劇性を象徴している。

しかし、マルトフがいかに聡明で、誠実で、大衆に人気のあるすぐれたリーダーだったとしても、ロシア政治の最も重大な局面で致命的な誤りを犯したことは否定できない。第一次大戦ではかつて対立していたプレハーノフもポトレソフも、それぞれ「祖国防衛派」となった。彼らの西欧主義と民主主義の立場からして当然のことだ。ツェレテリもまた「革命的祖国防衛派」として、近い立場にあった。一方、大戦中に左派・「国際主義者派」を率いていたマルトフは連合国として「勝利まで戦い続ける」という臨時政府に反対した。そしてダン（一八七一—一九四七。ユダヤ人の医師。マルトフの妹の夫）とともに、一九一七年末には党の多数派となった。

マルトフはボリシェビキが政権を握った直後に、この党から人民社会党（少数穏健野党）に至る全社会主義者の政府を要求した。また国内戦がはじまると、社民党中央委総会は列強による干渉と共産党政権との武装闘争に反対する決議を採択した。党中央委は党員が武装闘争に加わることを禁止し、加わった党員を除名した。こうして党員の一部は赤軍側で、反共産党の白軍と戦った。このため社民党への弾圧は一時緩和された。しかし、それは共産党政権側の術策にすぎなかった。全社会主義者の政府樹立をめぐる交渉は、レーニンらの圧力によって失敗に終わった。また政権側は危機を脱すると、社民党への大規模な弾圧をはじめた。

マルトフらが国内戦で赤軍を支援したのは、白軍が勝てば反革命勢力の勝利となり、革命の成果が失われると信じていたからだ。しかし、白軍の首脳たちは二月革命による帝政の終わりを受け入れていて、彼らの勝利は反革命と復古を意味するものではなかった。一方、ポトレソフの率いる社民党の少数派は、いわゆる十月革命を武力による政権奪取のクーデターとみなし、無条件で反革命であるとした。そしてこれに反撃するためには、あらゆる民主主義勢力と団結し、あらゆる過激な闘争手段も用いるべきだとした。しかし、実際には社民党の力は内部分裂によって弱まっていた。そのことは憲法制定議会の選挙（一九一七年十一月）の結果に如実に現れた。農村に基盤を持つが組織的にはもろいもう一つの社会主義政党・社会革命党が四〇・四％の大量得票だったのに、社民党は二・六%にすぎなかった。二月革命後、ソビエトの中央執行委で有力な地位を占めていた同党にとっては、なんとも悲惨な結果である。

社民党は一九二〇年には立ち直り、ソビエトの選挙に積極的に参加して成功を収めたが、弾圧がはじまり指導者と活動家の大半が逮捕された。マルトフの共産党政権糾弾はすでに激しさを加えていた。「死刑をやめよ!」、「恥を知れ」(無実の四人の大公・前皇帝の近親者の処刑に抗議)、「世界ボリシェビズム」などの論文が良く知られている。彼はボリシェビキの一部要人のとりなしと、元同志を「革命の殉教者」にしたくないレーニンの意向によって出国を許可された。これは事実上の国外追放である。のどの結核が悪化したマルトフはドイツ独立社民党大会での演説(一九二〇年。代読)で、ロシアの共産党政権はテロリズムの政権であるとし、コミンテルンに加入しないよう強く訴えた。彼は結局、ドイツの山地のサナトリウムで死去、ベルリンの墓地に遺灰が収められた。四十九歳だった。

「右派」の重要性に再評価を

ドイツとロシアの社民党

ここで強調しておきたいのは、社民党であれ保守党であれ、「右派」の重要性である。ドイツとロシアの社民党では、これが明暗を分けた。ドイツ社民党は第一次大戦末期の一九一七年に「多数派社民党」とカウツキーら反戦派の「独立社民党」に分裂した。しかし、翌年のドイツの敗戦前後に革命騒乱が起き、ロシアのソビエトまがいの「労兵評議会」が各地でつくられた。そうした中で社民党が政権を引き継ぐことになり、やがてエーベルト初代大統領（労働者出身で、組合運動を通じて党幹部となった穏健社会主義者）、シャイデマン首相、ノスケ国防相が連立政権を率いることになる。独立社民党は社民党に復帰するが、この党の多くの党員が共産党に合流した。ロシアと状況が違うのは、エーベルトらの首脳がいずれも「右派」で、軍や義勇軍の助けを借りて、共産党の武装蜂起を制圧したことだ。著名な女性革命家ローザ・ルクセンブルク（一八七一―一九一九）が殺害されるなどの暗い事件は起きたが、社民党「右派」首脳の決断がワイマール共和国を救ったことは確かだ。こうしてドイツ社民党はマルクス主義から社会改良主義への進化の道を歩みはじめたのであった。

このような「右派」と「左派」の関係は、日本の政治を考える場合にもおおいに参考になる。わが国では一般に、空想的平和論を斥け、現実主義の内外政策を推進する「右派」はタカ派とみなされて、きらわれる傾向が戦後長らく続いた。これははたして正しかったのか?ドイツとロシアの社民党の長い盛衰の歴史を振り返ってみると、答えはおのずから明らかであろう——。

救国思想家ストルーヴェ

独裁と戦い、自由保守主義を大成

はじめに

「ストルーヴェ」といっても、わが国ではほとんど知られていない。レーニンの名はあまねく知られているというのにだ。これはひとえに、ソ連共産党の一党独裁政権下で、体制側に都合の良いように書かれた本などの影響による。そこでは体制批判の諸党派と人々は、「反革命分子」として非常に低く扱われていた。

その悪影響は日本の知識人、とりわけ学校教科書作成者にもおよんだ。レーニンらボリシェビキの武装蜂起による政権奪取（一九一七年のいわゆる十月革命）と、その後の国づくりを肯定的に扱ったものがほとんどだ。

ところが、当のソ連は一九九一年末に解体した。ソ連末期から九〇年代にかけて、これまで公開されなかった資料や発禁本が次々に出版された。帝政末期にストルーヴェが中心となって書き、大きな反響を呼び起こしたロシア急進知識人批判の論文集『道標』が大部数で再刊された。ソ連時代に弾圧されていた諸党派とその要人たちは死後にではあるが名誉を回復され、評価は逆転した。

この大変動への日本の知識人の反応は鈍い。ソ連の解体が創建者レーニンの「共産主義建設、世界革命の夢」を完全に打ち砕いたとするならば、レーニン批判者たちがよみがえり、復権するのは当然であろう。本書が扱うストルーヴェこそ、このレーニン批判者の筆頭格の大物だった。

彼は帝政時代には専制政治と、次いでソ連共産党、ナチス・ドイツの一党独裁体制と最後まで戦い抜いた思想家・政治家である。エドマンド・バーク（18世紀の英国の思想家・政治家。多年、下院議員として活躍）が「近代保守主義の開祖」だとするならば、ストルーヴェはまさに「現代自由保守主義の大成者」であろう。独創的で先見の明のある彼の国家・革命・知識人論は、21世紀のいまでも立派に通用する。なによりもまず、現代日本人はこの愛国・救国思想家の生涯と思想を知るべきだ。

知的エリートの子がマルクス主義者に

ピョートル・ベルンガルドビッチ・ストルーヴェ（一八七〇―一九四四）はドイツ系ロシア人である。一族はすぐれた天文学者、教育者、公務員などを四世代にわたって輩出し、父は県知事を務めた。知的エリートの環境で生まれ育ったストルーヴェは、驚くべき早熟の子だった。

十歳にもならないうちに、ロシア文学の古典に精通し、ダーヴィン（進化論の提唱者）とスペンサー（英国の哲学者、社会学者。進化論的な哲学を樹立）の著作などを読破していた。中学時代には社会学、政治学、文学、言語学、経済学、哲学、歴史の本を手広く読んだ。思想面では両親の影響もあって、イワン・アクサーコフ（一八二三―八六。スラブ派の代表的思想家）に心酔した。「言論の自由、教育、地方自治の向上によって真のロシア国民をつくり出す」というその理想に魅せられたからだ。

一八八九年、ストルーヴェはペテルブルク大学理学部自然科学科に入学し、一年後には法学部に移った。翌年の夏休みにドイツとスイスに旅行した。スイスで社民関係の文献を大量に買い、ドイツ経由でひそかにロシアに送った。

そして一八九〇年、彼は大学で社会民主主義の研究サークルをつくった。大学での社民主義者の仲間にはポトレソフ（一八六九―一九三四）がいた。軍人貴族（陸軍少将)の子で、ストルーヴェの親友。のちに社会民主労働党のいわゆるメンシェビキ派(少数派)のリーダーの一人となる。

ストルーヴェは九一年末に重い肺炎にかかり、回復するとオーストリアの大学で学んだ。新カント学派(カントの批判哲学を復興しようとしたドイツを中心とする哲学学派)の哲学の知識を深めた。またドイツの経済文献をたくさん読んで、ブレンターノ(一八四四ー一九三一)の社会自由学派に特に魅せられた。「近代資本主義は社会改革を促進するほかない」という主張が気に入ったのだ。

帰国後に彼は大蔵省で図書係の職を得た。経済理論と経済史の研究に没頭した。『ロシアの経済発展の問題に寄せる批判的覚書』(一八九四年)という著書で、ロシア農業などでの資本主義の発展の進歩的な意義を強調した。

これは「ロシアは農村共同体に基づき、資本主義の段階と弊害をへないで社会主義を実現できる」という人民主義の主張を、マルクス主義の分析方法を用いてくつがえしたものだ。画期的なこの本の売れ行きは良く、知識層はもとより大蔵官僚の間でさえ大きな反響を呼んだ。

レーニンと出会い、やがて対立

この本の発行後、ストルーヴェはレーニン（一八七〇―一九二四）と出会い、一時協力したあと対立するようになる。二人はプレハーノフ（一八五六―一九一八）の主著『史的一元論』を討議するペテルブルクのあるアパートでの非公式会合のときに初めて会った。

もっとも、二人は最初からそりが合わなかった。ストルーヴェがのちに書いた回想記によると、レーニンから受けた第一印象は不愉快なものだった。敵対相手とみなす人々にあざけりの態度をとること、憎悪が心を占め、専制に反対する自由主義者とブルジョアジーをも憎んだことなどが不快だった。レーニンの方でも、ストルーヴェがあまりにも知的で、教授風で、革命活動には不適格だと直感したようだ。

しかし、どちらもが「政治的同盟者」を必要としていた。そこで彼らは一八九五年一月から夏まで話し合いを重ね、妥協が成立した。ストルーヴェは九八年に結成されたロシア社会民主労働党のために宣言文を書いた。党名に「労働」という言葉を入れたのは彼の提案による。

この党は弾圧によって活動を停止させられた。実質的な創立大会は第二回党大会（一九〇三年。ブリュッセル、次いでロンドン）に持ち越された。この大会では党のあり方をめぐる原則的な意見の相違によって、党が早くもレーニンらのボリシェビキ（多数派。共産派が自称）とマルトフらのメンシェビキ（本来の社民派）とに分裂したことは良く知られている。

当時、ドイツ、ロシアその他の社民党は「修正主義」の問題で大きく揺れていた。ドイツ社民党の著名な理論家ベルンシュタイン（一八五〇―一九三二）が著書『社会主義の諸前提と社会民主党の任務』（一八九九年）で、唯物史観、剰余価値説などマルクス理論の核心部分を「現実に合わなくなった」と批判し、その修正を唱えたからだ。また彼は社会主義の前提条件として、政治的民主主義の必要性を説いた。これに対しプレハーノフとレーニンは極端に激しく反発したが、ストルーヴェは逆に著者への書簡でその「市民的勇気」を称賛した。

次に党の新聞・雑誌をめぐる内紛がある。レーニンとポトレソフはこの問題では、ストルーヴェの支持を得ることが非常に重要だと考えていた。彼の出版、文筆分野での人脈と集金能力を高く評価していたからだ。しかし、彼を「修正主義者」だとするプレハーノフが彼らの取り決めに猛反対した。このため彼の寄稿はごくわずかで終わった。

またレーニンは非合法の党機関紙「イスクラ（火花）」に掲載されたストルーヴェの論文に激怒した。この論文は「地方自治会が労働者と共闘すれば専制を倒せる」として、地方自治会への支援を訴えたものだ。当時、地方自治会は自由主義者の主な活動舞台だった。自由主義者をきらうレーニンはそれを「専制の経済支配の道具だ」として警戒していた。結局、二人の連携はならず、個人的な関係も終わることになる。

解放同盟から立憲民主党へ

地方自治会の立憲主義者の依頼で、ストルーヴェはすでに一九〇一年末にスイスに赴いた。恋愛結婚をした二つ年上のやさしい妻ニーナとこどもたちは先に到着していた（彼は級友の母親で大きな書店主の未亡人との愛人関係をすでに解消していた）。こうして一九〇二年六月、非合法の自由主義の雑誌「解放」（半月刊）の第一号が発行された。

同誌はロシアの非合法定期刊行物の中では最も広く配布され、最も影響力があった。それはやがて自由主義者の政治団体・解放同盟に発展する。一九〇四年一月初めに結成大会がペテルブルクで開催された。大会決議は「政治的自由、専制廃止と立憲制確立、普通選挙に基づく政治改革」その他を要求している。この大会のすぐあとに日露戦争（一九〇四－〇五年）、「第一次ロシア革命」（一九〇五－〇七年）、「十月宣言」（一九〇五年）、国会開設（一九〇六－一七）と、ロシア帝国には大事件が相次いだ。

このうち「十月宣言」は皇帝ニコライ二世が革命騒乱を収拾するために公布した詔書で、「市民的自由、立法的議会の開設、選挙権の拡大」などを約束したものだ。皇帝の専制政治が三百年余も続き、憲法も立法議会もなかった帝政ロシアでは、これは画期的な出来事だった。当時パリにいたストルーヴェは号外で知った。出産まぎわの妻の寝室に駆け込み、「ニーナ！憲法だ！」と叫んで、助産婦に部屋から押し出されたという。

またこの年の十月十二日－十八日には、モスクワで立憲民主党（ロシア語略称カデット。自由主義の政党で、人民自由党ともいう）の創立大会が開催された。翌一九〇六年二月に行われたロシア最初の国会（国家会議、下院）選挙で立憲民主党は大勝した。初めは議員数の三四％、のちには三七・四％を占め、労働党と合わせて過半数を制した。これは社会主義諸党の選挙ボイコットに助けられた面もある。

しかし、ミリュコフ（一八五九―一九四三。歴史家、外交通の政治家、立憲民主党の実力者、のち臨時政府外相）ら党の対応はまずかった。彼は政府が公表した基本法（憲法）草案を「人を欺くもの」と酷評した。第一国会が解散されると、これに反対する同党議員は「ヴイボルク宣言」を発して、「納税拒否と徴兵無視」を人々に訴えた。このアピールは無視され、失敗に終わった。

一方、ストルーヴェは第二回党大会（一九〇六年一月）で党中央委員に選出されていたが、党の内部機関には入らず、党機関への直接の影響力はなかった。この彼を直撃したのは、ストルイピン首相（一八六二―一九一一。名門貴族出身の政治家。県知事、内相をへて首相。暗殺）との接近だった。

有能な専制政治家の同首相は「急進派を弾圧して秩序を確立したあと、自営農民の創出など一連の近代化改革を行う政策」を強く推進した。

ストルーヴェは時代の絶望的な状況を踏まえて、首相をなんとしても助けようと考え、一九〇七年に何回か会見した。左翼紙の記事によって会見の事実が徐々に明るみに出て、党中央委は大騒ぎとなる。彼には非難が浴びせられた。彼はロシアの政治家たちが立憲政治実現の貴重な機会をむだにしたことに失望した。政治の世界にこれ以上とどまるのは無意味だと思った。そして「このような事態を招いた元凶はロシア急進知識人である」と考え、彼らの批判に全力を注ぐことになった。

『道標』で急進知識人を批判

彼は革命失敗の原因をよくよく考えて、「ロシア社会が自由に伴う責任への備えがなく、不可欠の文化的基盤を欠いていたことによる。政治の前進は文化の進歩なしには不可能である」との結論に達した。また「偉大なロシア」(一九〇八年)という重要な論文では、国家と国力の重要性を強調。日露戦争など帝政政府の極東政策を鋭く批判するとともに、「黒海沿岸地域の経済発展、強い陸軍と黒海艦隊が必要だ」と説いた。

さらに彼は「知識人の思想の保守主義」という論文（一九〇七年の雑誌「ロシア思想」）では、ロシア知識人の著しい特徴として次の諸点をあげている。①責任を負うのを恐れ、建設的に行動するよりも批判し、けなす方を好む②妥協する能力のなさ③政治色の過剰、国民のより広い文化的要求への無理解④国家意識を持たず、政府との協力が不可欠のときに協力を望まなかった…。また「国家に関する断章」という未完の論文（一九〇八年）では、国家の神秘性を指摘し、「それは戦時に人々が国家のために生命を投げ出そうとすることに表れている」と論じた。

このような知識人に対するストルーヴェの激しい非難は論文集『道標』（一九〇九年初版）で頂点に達した。論文を寄せた七人のうちベルジャーエフ（一八七四―一九四八。宗教哲学者。のちに共産党政権によって国外追放）ら六人までが、解放同盟と立憲民主党にかかわり、マルクス主義から自由主義に転じた著名人である。『道標』を主導したストルーヴェは「インテリゲンツィアと革命」という論文を寄せ、「ロシア知識人の国家からの離反、疎遠、国家への敵対、さらに無宗教性」を批判している。

この本は第五版まで出て、発行部数は実に空前の二万三千部にまで達した。一年間で二百五十ないし三百もの定期刊行物が取り上げたといわれるほど、大きな反響を呼んだ。また文豪トルストイとロシア正教会は肯定的に評価したが、レーニンは「自由主義的変節の百科全書」などと酷評し、強く反発した。

一方、革命失敗後、ストルーヴェは経済理論の研究にも力を入れた。一九〇七年十一月にペテルブルク総合技術大学の講師（のち助教授）となり、研究に没頭した。それから新たな革命の年・一九一七年までの十年間は、生涯では珍しく平穏な時期だった。著書『経済と価格』（一九一三年）でモスクワ大学から修士号を、次いでキエフ大学から博士号を取得した。

また一九一七年には、ロシア科学アカデミーに加わるよう招請された。このようにストルーヴェは、すぐれた経済理論家として認められていた。この経済学研究と並んで、彼は第一次世界大戦（一九一四―一八年）までの数年間、編集者、政論家として多彩な活躍をした。

白軍に加わり、危険な亡命

やがてロシアとストルーヴェ個人にとって、きわめて困難なときが来た。第一次大戦中には彼は経済情報収集と食糧供給の部門でのコンサルタントとして、また商工省のもとに設けられた「対敵供給・貿易制限委員会」の委員長として、政府の戦争遂行に協力した。

しかし、大戦末期・一九一七年の二月革命で帝政は滅んだ。国会主体の臨時政府とソビエト（労働者・兵士評議会）のいわゆる二重権力が同年十月まで続く。この革命が起きたとき、ストルーヴェは少しも気分が高揚しなかった。臨時政府には招かれなかった。新外相ミリュコフから外務省経済部の担当を求められ、引き受けはしたが、業績は少なかった。

彼はもっぱら軍隊に関心を持っていた。「ロシアの政治的な安定と将来のためには、連合国の勝利が不可欠だが、ロシア軍が士気と戦意を保たなければ勝利は難しい」と考えていた。実際にはソビエトの介入とレーニンらの反戦扇動によって、軍の崩壊は加速化していた。

一方、ストルーヴェは同年五月に「ロシア文化連盟」という団体を設立した。この「連盟」は各界の名士を集め、さまざまな声明で愛国的団結を強調した。軍の将校と一般市民の間で共感を呼びはしたが、実質的な成果のないまま解体した。また彼は六月には論文で、ロシアの愛国勢力に国家の存立と尊厳のために自らを組織するよう呼びかけた。

そしていわゆる十月革命が起きると、彼はためらわずに南方のドン地方に向かった。反ボリシェビキの義勇軍を編成しようとしていた将軍たちに合流するためだ。ストルーヴェは義勇軍を「愛国ロシアの中核」とみなした。彼は一九一八年二月、迫る赤軍の到着寸前に、とても危険な旅をしてモスクワにたどり着いた。

この年の春と夏には、モスクワでは諸党派による政治活動がまだ活発だった。ストルーヴェらの親連合国派は、六月に「国民センター」を結成した。これはやがて国内戦(一九一八—二一年)中に、ロシアで活躍する最も重要な反ボリシェビキ団体となる。また彼は『深き淵より』という共同論文集の編集と執筆に没頭した。「ロシア革命の歴史的意義と国民的課題」という論文を寄せ、「教養階級の国家からの離反こそ、偉大な国を壊滅させた破壊力だった」と批判した。

共産党政権下で彼のような有名人が潜伏して抵抗を続けるのは不可能となった。ストルーヴェは地下抵抗組織のすすめで、独立を回復したフィンランドに危険な越境・

脱出を試みて成功した。のちに妻子も脱出して合流した。それからの二年間、彼は白衛軍（白軍）運動に無条件で加わった。一九一九年の春、白軍はロシア各地で攻勢に出て、勢いの絶頂にあった。

そこでストルーヴェは九月初め、パリからデニキン軍が制圧した南ロシアに赴いた。しかし、彼はデニキン将軍が軍内の汚職と不服従を黙認していることに失望し、ウランゲリ将軍（一八七八―一九二八）と協力することにした。彼はドイツ系ロシア人。白軍リーダーの中では最も有能な若手の陸軍中将（男爵）で、軍の規律にはきびしいが、白軍将校の間で名声が高かった。

ストルーヴェは彼とたびたび会い、その高い教養と人柄を知るにつれて、ますます称賛するようになった。一九二〇年四月、デニキンは幕僚の圧力に抗しきれずに辞任し、英国に亡命した。将軍たちは全員一致でウランゲリを総司令官に選んだ。当時、クリミア半島には十―十五万人の兵士と四十万人の民間避難民が集中していた。ウランゲリは半島の防衛と出撃、土地私有化などの民政改革に努める一方で、敗北の場合には英仏両国の支援で彼ら全員を安全に撤退させようと考えていた。

ストルーヴェはウランゲリ政権の外務省局長（外相）となり、フランス政府との交渉に当たった。仏政府は事実上、同政権を承認したが、英国では外交代表として認められず、使命は完全な失敗に終わった。彼は十月、軍事援助獲得のため再びパリに向かい、以後、再び祖国の土を踏むことはなかった。長い亡命生活のはじまりである。

一方、ウランゲリ軍の将兵と民間人の大規模な撤退は見事に成功した。

反ナチスに徹し、日本に期待

さてクリミアを去ったストルーヴェは一九二二―二五年を、プラハ（現在のチェコの首都）郊外で平穏に過ごした。そのあと再びパリに戻り、編集、執筆、政治活動に没頭した。亡命ロシア人のナショナル・リーダーとしてニコライ・ニコラエビッチ大公（一八五九―一九二九。ニコライ二世の父のいとこで、第一次大戦初期の最高総司令官。勇将として人気があった）をかつぎだす動きが進み、その政治機関紙「再生」の編集長となった。

彼はその第一号の社説で「自由主義的な保守主義（自由保守主義）が新聞の政治綱

領である」と論じた。「自由主義は人間の自由の永遠の真理を意味する。自由の精神はアレクサンドル二世（在位一八五五－八一）の大改革を生み、一九〇五年の大改革を生んで、ロシアに市民的自由と政治的代表権を与えた。また保守主義は国家の体制と枠組の維持の諸原則という、偉大で死活の重要性を持つ真理を意味する。それなしには国家はまったく存在し得ない」というのだ。

この新聞「再生」をめぐる意見の対立から、ストルーヴェはパリを去ってユーゴスラビアに移住した。一九二八－四一年には、ロシア研究所で週に一回、ロシア経済史などの講義をした。すでにソ連では全資本の国有化が行われていたが、彼が最も重視したのは、「私有財産制に基づく経済的な自由」だった。一九三三年にプラハで行った講演で、次のように述べている。

「自由主義はあらゆる種類の人権を守る。それらのうち最も重要なのは経済的な自由であり、その礎石が私有財産である。…一方では私有財産は国家の権限に制限を課し、他方、人間の事業に無制限の広がりを開いた。いかに重要なものであれ、言論の自由は財産権に従属し、そのもとに包含されている」

このように彼は、自由の理想と私有財産制を不可分のものとみなした。また「保守主義の本質をなすのは国家である。自由主義と保守主義はお互いに立派に支え合った。健全な国家を欠いては、個人は自由を獲得できない」と考えていた。

またストルーヴェは一九三三年に政権についたヒトラーとナチス（国家社会主義ドイツ労働者党）の本質を当初は察知できなかった。しかし、やがてドイツ国内のムードを「集団的な狂気の一つ」と呼んで、その政権を嫌悪するようになる。

当時、彼の期待は日本に集中した。中国での共産主義の拡大を心配し、紛争では日本の立場を支持した。彼が一九三四年に新聞に掲載した論評は「日本の対ソ全面介入を呼びかけたもの」とみなされ、亡命ロシア人社会は大騒ぎになったという。

ユーゴスラビアではストルーヴェは左右両極から中傷され、妨害された。この逆境の中で彼は学問研究に励んだ。関心はロシア史、科学、言語、文学にもおよんだ。晩年の著作では同時代の主な政治家についての回想記が興味深い。

彼は政敵レーニンより二十年も長生きをしたが、その晩年はきわめてきびしいものだった。一九四一年四月、ナチス・ドイツ軍がユーゴスラビアに侵攻し、彼は「かつてレーニンと協力関係にあった」として逮捕された。オーストリアのグラーツ市に送られ、投獄された。そこでの状況は過酷だったが、看守の一人が同情して廊下にある本棚の鍵を貸し与えた。

そこで彼が最初に取り出したのが、『ソ連共産党史』のドイツ語版豪華本だった。中を読むとストルーヴェの名が出るたびに、「人民の敵」などののしり言葉がつけられ、「欠席裁判で死刑判決」とも書かれていた。刑務所長に面会してこの本を見せるとただちに釈放され、ベオグラードに戻ることができた。

四一年六月には独ソ戦が始まった。ロシア亡命者の中にはドイツ軍を後楯としたロシア人部隊に加わって、国を共産党の支配から解放しようとする者もいた。ストルーヴェはそれには全面的に反対し、徹底した反ナチスの信念を持ち続けた。開戦当初、ソ連軍は敗れて退却したが、「兵力と資源が大きくまさっているので、勝つだろう」と彼は確信した。ソ連と欧米の多くの人々と同じく、「欧米民主主義国との戦時中の同盟関係がソ連を民主主義に向かわせるだろう」と期待していた。

ストルーヴェ夫妻はドイツ占領軍と協力せずに名誉を保ちつつ窮乏状態から抜け出す方法として、パリに移ることを決めた。パリもドイツの占領地域にあったが、夫妻の二人の息子がいて両親を養う立場にあった。四年ぶりに彼と会った友人たちは、その衰弱ぶりと変わりようにショックを受けたという。

それでもストルーヴェは学問研究をやめなかった。ロシア史研究のために毎日、地下鉄で図書館に出かけた。冬には雪と氷の歩道を寒さに苦しめられながら歩いた。一九四三年五月には妻が病死し、生涯の良き伴侶を失った。その年の冬は特にきびしく、彼はいっそう寒さに苦しんだ。訪れた旧友の回想では、夕食はスープに野菜、衣類はつぎはぎだらけで、ズック靴をはいていたという。

だが、話を始めると、とまらなくなり、情熱と気迫をこめてファシズムを攻撃した。そして「連合軍が来たら、誰よりも先に通りに出て自由を歓迎するつもりだ。その自由のために自分はすべてを犠牲にしたのだ」と語った。

その後、連合軍のノルマンジー上陸を見ることなく、一九四四年二月末に死去した。七十四歳。葬儀はロシア正教大聖堂で行われ、遺体はパリ南部の正教墓地に埋葬された。

ソ連は続いたが現実は？

亡き彼の予測は的中し、ナチス・ドイツは一九四五年五月に滅亡した。一方、ソ連共産党政権は予想に反して、彼の没後四十七年も続いた。しかし、共産党支配下のソ連の現実はひどいものだった。産経新聞モスクワ支局長として二回、計九年間、ソ連報道に当たった私は「なんと硬直した守旧の体制だろう。ただ過去の惰性で続いているだけではないのか」と実感したものだ。

最初のモスクワ暮らしは一九六六―六九年で、ブレジネフ政権（一九六四―八二年）の初期。二度目は一九八一―八七年で、同政権の終末期からアンドロポフ、チェルネンコ両短期政権をへて、ゴルバチョフ政権（一九八五―九一年）がペレストロイカ（立て直し）という党支配体制内の改革に取りかかった頃までである。

まず極端な物不足に驚いた。ごくありふれた日用品が不足していた。食料品ではパンは一般のパン店で買えたが、まともな肉は乏しく、生鮮野菜は公設の《闇市場》で高値で買うしかなかった。消費生活でこのさむざむとした実情は、いまの日本人にはとても信じてもらえないだろう。

おおかたの在留邦人はドルなどの外貨クーポン券しか通用しない、ソ連の一般住民は立ち入れない《ドル・ショップ》で食品などの大半を買い、外国の専門通信販売会社から食料品や生活用品を大量に取り寄せていた。もちろん、自分のアパートまで配達されるわけではない。遠くの税関まで赴き、関税を払い、自分の車か《白タク》ならぬ《白トラック》の運転手に話をつけて自分のアパートまで運んでこなければならない。

それでも石油、天然ガスなどの大資源国の強味なのか、ブレジネフ政権の末期には国民の服装その他の面で一連の改善は見られた。しかし、どうみても巨大過ぎる軍備と貧弱な国民生活の格差はむしろ増大したように思われた。革命記念日のモスクワ赤の広場の軍事パレードで威容を誇る巨大な大陸間弾道ミサイルと、きのうも今日も店の前で長い行列をつくってやっと買い物をする一般大衆…。兵力とほとんどの兵器の保有量で米国をしのぐ軍事超大国と、それを支える米国にはるかにおよばない経済力との矛盾は明白だった。

ここでもう一つだけ、いまの日本人にはとても信じられないであろう当時のソ連の現実をあげると、一般大衆には西側世界の国々に個人旅行をする自由が事実上なかったことだ。もちろん、ソ連は諸外国と広く交流し、大使館員、通商代表部員、新聞・通信社の特派員など多くの公務員が外国で仕事をしていた。しかし、一般人は精勤者への褒美として、ソ連勢力圏内の国々に団体旅行を許されるのがせいぜいだった。このような出入国制限はソ連の初期以来、延々と続いてきたもので、帝政時代よりもきびしいものだった。

ゴルバチョフが推進した改革は、このような積年の弊害を打破しようとしたもので、「情報公開」を社会刷新の有力な手段としていた。彼の改革は守旧派が多い党・国家官僚の頑強な抵抗にあった。彼自身は左翼社会民主主義的な協力者（ヤコブレフ党政治局員兼書記、故シェワルナゼ外相ほか、）の影響を受けてやがて社民化した。「新思考外交」を唱え、ついにはソ連共産党の一党独裁を放棄して、複数政党制を認めるに至った。

これに反発していた副大統領、首相、国防相、内相、国家保安委員会（ＫＧＢ）議長その他の守旧派首脳が一九九一年八月、反ゴルバチョフ・クーデターを起こした。南方で休養中のゴルバチョフを監禁、辞任を迫った。エリツィン・ロシア共和国大統領が軍の一部と市民の支援を得て謀反を失敗させた。彼はその余勢をかって、救出したゴルバチョフにソ連共産党を解散させた。

内紛で衰弱していたとはいえ、ソ連国家の堅い背骨である共産党がなくなれば、ソ連という国が解体するのは避けられない。こうして九一年末にソ連は解体し、ロシア連邦となった。その二年前には中欧・東欧諸国が次々に共産党支配を終わらせ、ソ連勢力圏は消滅した。これら中小国のリーダーはソ連の改革派首脳が「制限主権論」を放棄し、民主化してもソ連はもはや武力介入はするまいと見抜いたのだった。ソ連の解体といい、ソ連勢力圏の消滅といい、それらは一九一七年のロシア革命以来の大事件で、「共産主義社会の建設」というレーニンらの夢想を完全に葬り去ったものである。

工業化は経営の自由に基づいて

ところで、戦前一九二九年の大恐慌で資本主義世界経済が深刻な危機に陥ったとき、「スターリンのソ連」は国の全面的工業化と農業の集団化に着手していた。前年に第一次経済五カ年計画を開始、「失業も恐慌も知らない社会主義計画経済のすばらしさ」を内外に向けてさかんに宣伝した。

しかし「社会主義計画経済」とは実際には極度に中央集権化された硬直した官僚統制経済で、国民の消費生活向上にも技術革新にも役立たないことが、モスクワでの日々の暮らしで実感されたのであった。

このようなソ連の国有国営経済を、ストルーヴェは終生批判し続けた。第一次五カ年計画が始まった一九二八年、彼はパリでの経済会議で討議を総括して要旨次のように述べた。

「国の真の健全な工業化は、経営の自由の諸原則に基づいてだけ可能である。国における農業の大成功と繁栄は、経営の自由の原則に基づいてだけ可能である。経営の自由があらゆる自由の基礎であり、所有が自由とは不可分の関係にある。経営の自由が崩壊するところでは、いかなる自由もあり得ない。また所有なしには、確固とした健全な祖国感情と祖国に対する義務感はあり得ないし、確固とした意識的な愛国主義はあり得ない」と。

これはレーニン、スターリンらの経済政策とは正反対の主張だが、七十年余のソ連の歴史を振り返ると、どちらが正しかったかは明らかだ。ソ連では「共産主義社会の建設」という夢物語のために、どれほど多数の貴重な人命が失われたことか、いかに多くのすぐれた人材が国外追放や亡命で外国に流出したことか。

「真昼の暗黒」から光を求めて

このように共産党支配下のソ連は「真昼の暗黒」のような特異の大国だった。表向きは明るく見えるように巧みに演出されているが、内実は陰惨な権力闘争と秘密がやたらに多い「闇の帝国」であったのだ。訪ソしたバーナード・ショー（英国の劇作家）、ウェッブ（英国労働党の著名な学者政治家）夫妻をはじめ欧米、日本の多くの有名文化人、諸政党がこの表の部分だけを見せられて、現実を見誤ったわけである。

しかし、ストルーヴェはそういうわけにはいかなかった。彼は経済学、政治学、社会学、歴史学、文学その他の万能学者で、すぐれた新聞・雑誌の編集者、時事評論家でもあった。権力政治家として成功したとはいえないが、洞察力と先見性に恵まれた傑出した政治思想家だった。彼の教養はおそらく、レーニンよりずっと豊かだったであろう。それはプーシキン、ツルゲーネフ、トルストイ、ドストエフスキーをはじめ多数の内外の新旧作家を論じたユニークな作家論が示唆している。

この彼が信奉するようになった自由保守主義とは、どのような思想なのだろうか。それは「自由主義的な保守主義」のことである。ストルーヴェはそれだけを扱った本を書いてはいないので、彼が非常に多くの著書と論文の中で触れた個所を拾い出して、その概念を組み立てるしかない。

それによると、自由保守主義とは歴史的な継承性と刷新の諸原理の組み合わせに基づく思想である。それは伝統的な諸価値の保持、国家・社会・文化・精神の発展の過程でのそれらの継承性、個人の権利の不可譲、個人の自由、所有権に基づく自由な経済活動を含んでいる。また法規に基づいてつくられた強い国家が、個人の自由の保証者として行動しなければならない。個人の自由なしには、近代国家の強さは不可能である。国家の強さなしには、全国民的な団結はないし、個人の自由も不可能である（一九三三年、雑誌「ロシアとスラブ人」の論文）という。

彼は特に19世紀四〇―六〇年代の自由主義の伝統の経験に学ぶよう訴えた。特にスペランスキー（アレクサンドル一世の時代の政治家。憲法草案を起草、ロシア帝国法典を編さん）、チチェーリン（モスクワ大学法学教授。モスクワ市長。地方自治会の活動に積極的に参加）、シーポフ（地方自治運動の著名な活動家。十月党創立者。共産党政権下で獄死）を尊敬していた。保守主義と自由主義の諸特徴を活動で具体化した人物としてである。

ストルーヴェはまた、プーシキン（一七九九－一八三七。詩人、作家、「ロシア国民文学の父」）を自由保守主義の先駆者たちに含めていた。自由を愛好すると同時に、非常に保守的だとみなしていたのだ。彼のロシア文学への愛は並々ならぬもので、とりわけプーシキンについてはいくつも論文を書いて「ロシアの精神と創造の最高点」と絶賛している。

また西欧を良く知る「西欧派」思想家ストルーヴェは、エドマンド・バーグ（一七二九－一九七）を高く評価していた。「19世紀の英国の保守主義者たちも、グラッドストン（一八〇九－一九八。自由党を率いて四回も首相）のような自由主義者たちも、偉大な自由保守主義者・フランス革命の告発者バークを自分の教師と考えていた」と称賛している。

そして「ロシア社会はこの思想に慣れる必要がある。自由主義が土壌を持つためには保守的であらねばならず、保守主義がいきいきとしたものであるためには、自由主義的であらねばならないという思想にだ」と論じた（新聞「再生」での論評）。

ストルーヴェがバークを「自由保守主義の大家」とみなし、おおいに評価したのは正しい。彼は一七八九年に始まったフランス大革命の初期に、革命を賛美した英国の急進派知識人の言動に怒って主著『フランス革命の省察』半澤孝麿訳（みすず書房、一九七八、八九年）で、革命の実態を鋭く批判した。この批判は大きな反響を呼び、バークの思想は19世紀以来の保守主義の源となった。

彼はアイルランド人で、父は王立裁判所の長官。バークはロンドンの法学院で法学を学んだが、文学の魅力に取りつかれ、美術論などの著書を出版した。一七六五年、ウィッグ党（のちの自由党）内閣の新首相の秘書となり、年末に下院議員に当選した。それから二十八年余にわたって下院議員として活躍した。彼は野党生活が長く、政界実力者ではなかった。政府内での地位は閣外相にとどまった。

しかし、ウィッグ党の理論上の指導者であり、いくたの名演説で知られる大雄弁家でもあった。このバークの考えでは、保守主義とは左右両翼の専制政治に反対し、自由を擁護する思想である。また彼は立憲制と政党政治の理念を正当化した。さらに自由を侵すものとして、英国東インド会社と英インド総督の横暴、米植民地への不当な課税と独立阻止の英軍出兵その他の重要問題で政府を糾弾し、きびしい警告を発した。

バークは自由を熱愛し、ある書簡の中で「国家は自由を多く保証すればするほど、多大の生気と活気がみなぎる」と述べている。しかし、彼のいう自由とは「秩序と結びついた自由」であって、節度が求められた。それだから彼は仏大革命のときの状況には「無秩序、無政府状態の中での自由だ」として激しく反対したのだ。また彼は教会、社会階級、特に貴族、家族、私有財産を重視していた。そこで仏革命政府による王族と貴族、教会と聖職者に対する迫害に強く抗議した。

このバークは当然のこととして、歴史、伝統、慣習を重んじた。英国の歴史、とりわけ名誉革命（一六八八－八九年。立憲君主制の基礎を確立した無血革命）を心から誇りとし、法治、立憲君主制、議会制を守るために、力の限り奮闘したのであった。

英国の政治思想をみる場合に重要なのは、この国の現代の保守主義はトーリー党（保守党）だけの後継者ではなく、ウィッグ、トーリー両党の後継者であることだ。両党は体制内の与野党だった。だから総選挙の結果による円満な政権交代が可能だった。やがて自由党は衰えて労働党が台頭し、20世紀には保守、労働両党の間で政権交代が行われるようになった。

一方、ロシアの政治状況は英国とはおおいに異なっていた。専制政治から一党独裁体制へ、そのあとソ連解体後の約十年の過渡混乱期をへて、再びプーチン大統領の事実上の専制政治がすでに十数年も続いている。

この「プーチンのロシア」の暗い面としては、エリツィン元大統領のときに制定されたロシア連邦憲法がうたう自由と民主主義、公選制と地方自治が形骸化し、強権政治の傾向が強まったことがあげられる。しかし、国を全面的に刷新するというプーチン戦略が成功するためには、少なくとも①言論、報道の自由と政治の民主化②自由市場経済の確立と官僚主義、汚職の根絶③精神と道徳の革命―が必要だろう。

思想、言論、報道、信教その他の市民的自由は、かつてバークやストルーヴェのような先覚者が終生擁護していた貴重なものである。バークは長い議員生活の間に、専制的傾向を示した国王と政府の誤りを容赦なく批判し、改善をかちとった。またストルーヴェは多数の著作の執筆と新聞・雑誌の編集、出版活動で言論の自由を守り、ロシアの思想と文化に多大の貢献をしている。

さらにこの二人はともに私有財産制を重視した。ストルーヴェは「私有財産制に基づく経済的な自由」を最も重視していた。「経営の自由があらゆる自由の基礎である」とまで述べている。

また官僚主義と汚職の問題は帝政、ソ連両時代を通じての伝来の弊害である。ソ連解体後も状況は改善されず、警察の腐敗を含めて、近年はむしろ悪化したと伝えられる。

相変わらずの官僚主義と、とめどなく広がる汚職をなくさなければ、現代化も法治国化も「夢物語」にすぎない。

しかし、ロシア国家の刷新で最も重要なのは、これらの不正の根源である精神と道徳の抜本的な改善であろう。精神と道徳の衰え、知識人の無宗教性が革命を生み出した。そして革命後の長期の独裁と新たな強権政治が状態をさらに悪化させた。ソ連解体後のロシアでは、当局者と結託して私利だけを追求する「金もうけ資本主義」がはびこっている。日常の道徳と商業道徳が根本的に改善されない限り、ロシアの真の現代化も先進国への本当の仲間入りも難しい。

プーチン大統領はこれまでの事実上の専制統治から、近代化改革に軌道修正すべきではないのか。またわが日本でも、国の全面的刷新を望む人々はなによりもまず、バークとストルーヴェの政治思想を知ってほしい。

ストルーヴェの見解（要点）

▽資本主義

「ロシア住民大衆の貧困は資本主義的な発展の所産であるというよりも、はるかに自然経済の歴史的な遺産である。交換経済に基づく農業の進歩的な発展は市場を創出し、市場に依拠してロシアの産業資本主義が発展する。資本主義が発展しつつあるのは、国の生産力向上の唯一の可能な形態だからである。

資本主義は悪でないだけでなく、文化の進歩の強力な要因でもある。現代のあらゆる物質文化と精神文化は、資本主義と密接に結びついている。

勤労人民大衆への同情は人民主義者の独占ではない。われわれもまた、零落した悩める民衆に深い同情を感じている。民衆の零落の情景はなによりも一番、民衆の文化的な無力さをわれわれに証明している。われわれの文化水準の低いことを認め、資本主義を学びにいこう」（『ロシアの経済発展の問題に寄せる批判的覚書』の結論）

▽国家

「国家とは神秘的な存在である。戦争とは国家の神秘的な本質を最も明瞭に暴露したものである。国家の神秘性は個人がときには従順に、またときには喜びをもって、さらに歓喜をもってさえ、この抽象的な存在のために犠牲を払うことに現れている。国家は強力であることを望む。

国家と個人の相互関係は合理的な原理にではなく、宗教的な原理に立脚している。権力とは国家の対外的な力の道具である。このようなものとして、権力は人々を自分に従属させておく。

あらゆる生きた国家は帝国主義に常に貫かれていたし、貫かれるであろう。民族の価値と力とは、民族の文化と価値の力である。それは文化的な創造と呼ばれるものによって測定される。

国家原理はまさに民族原理とからみ合い、一体化するとき最高の神秘性に到達する」（著者・鈴木の注＝国家と戦争の問題に関連して、ストルーヴェは日露戦争での双方の対応を比較した。旅順でのステッセル（将軍）と日本海海戦でのネボガトフ（提督）

の降伏を「思慮深い人間的な行動ではあるが、国家的でも愛国的でもない行動だ」と批判。日本軍が多大の犠牲を払って旅順を攻略したことを、「日本の国家の力を非常に増大させた」と評価した）（『ストルーヴェ選集』に収められた論文「国家に関する断章」）

▽革命

「西欧の人々は理解できないでいる。ボリシェビズムの支配の原因は、ロシアの大衆の未熟さ、国の文化的な後進性にあることを。ボリシェビズムは西欧では不可能である。ボリシェビズムとは社会主義の崩壊でもある。

社会主義は第一に、人々の平等を要求している。また第二に、国民経済全体の組織化を、特に生産過程の組織化を要求している。そのどちらもが人間の本性に反し、お互いに矛盾している。人々の平等に基づいて生産を組織することはできない。

私的な、もしくは個人的な所有制が、あらゆる前進しつつある社会の基礎なのである。

一九一七年の革命はわが国家の総崩れである。われわれはインテリゲンツィアと人民に国民的な自覚が足りなかったために、国家の崩壊をこうむった。唯一の救いは国民意識の再生を通じての国家の再生にある」（一九一九年十一月にロストフ・ナ・ドヌー

で行った公開講義)

▽ストルイピン

「私にとっては、彼は歴史上の大人物である。一九〇五年に始まった新しいロシアの大政治家であるだけではない。忘れがたい個人的な印象と回想が結びついた生きた人間でもある。

「法治国家としての偉大なロシアを創造する」という壮大な政治計画を実現するためには、広い社会的基盤が必要だった。ストルイピン首相は「私的所有と経済的な自由の諸原則」に依拠し、新しい生活を築く使命を帯びている豊かな農民をその基盤とみなした。彼の推進した土地改革は彼の立憲主義(憲政擁護の思想)と不可分の関係にあった。

ストルイピンは二つの戦線で闘っていた。第一に自由主義的・急進的な世論と、第二に革命的最大限要求主義の盲目的不可抗力と、さらに君主自身の浅はかな考えと闘っていた。

しかし、彼はビスマルク(一八一五―九八。内政・外交に手腕を発揮し、ドイツ帝国を創建した「鉄血宰相」）とは違って、君主制のために、君主を自分に《屈伏》させることができなかった。彼が第一次世界大戦まで生きたならば、おそらく戦時中にこれに成功したであろう。またはおそらく戦争を防止さえしたであろう」（一九二六年九月「再生」）

▽チチェーリン

「彼は常に自由主義的な保守主義者もしくは保守的な自由主義者だった。その基本思想は歴史の発展過程と同時代の需要に適応して、秩序と自由を組み合わせることだ。また保守主義者・旧習を墨守する人々の手中では、現存秩序は崩壊の運命にあるとしていた。チチェーリンは一八六二年に出版した論文集で、「分別のある自由主義的な保守主義の活力だけが、ロシア社会を際限のない騒擾から救うことができる。この活力が政府だけでなく民衆自身に現れるならば、ロシアの将来は心配しないで良い」と論じた」（一九二九年一月、ベオグラードのロシア研究所での講演）

▽プーシキン

「われわれロシア人にとっては、ゴーゴリ、ドストエフスキー、レフ・トルストイ以後も、やはり、ロシアの精神と創造の最高点である。外国人は―少数の例外はあるが―プーシキンを評価していなかったし、いまも評価していない。しかし、彼は西欧で理解され、評価されるようになるだろう。

ロシア的なものとは民族学的にも、歴史的にも異国風のものでもないことが、またプーシキンの全人類性には、彼の最も偉大で到達しがたいロシア性（ロシア人の民族性や文化の本質を形成している全体像）があることも理解されるときにはそうなるだろう」（論文集『精神と言葉』に収められた論文の一つ）

▽ツルゲーネフ

「彼は思想家、そのうえさらに政治思想家である！総じて独創的で自由な頭脳の持ち主だったし、それゆえに本物の思想家でもあった。理想主義者ツルゲーネフはなにものをも理想化してはいなかった。ロシアの大作家のうちでゲルツェン（一八一二―七〇。西欧派の思想家、作家、人民主義の思想の創始者）以外には彼のように「忠実で熱烈な自由の愛好者」はいなかった。

しかし、ツルゲーネフには歴史の現実一般、特にロシアの現実が自由の《理念》からいかにかけ離れているかが痛切に分かっていた。また彼はきびしい勇気をもって、年上の同志で友人（ゲルツェン）が陥った「人民拝跪の理想化の魅惑に打ち勝った」（『精神と言葉』に収められた論文「政治思想家としてのツルゲーネフ」）

▽ドストエフスキー

「ダンテ（一二六五－一三二一。イタリアの詩人、長編叙事詩『神曲』でルネサンス文学を開く）以後の、またダンテと並んで、大芸術家と大宗教思想家を一身に兼ね備えた世界文学での唯一の実例である。ドストエフスキーは一つの基本思想：神に関する思想を自分の作品で表現した。神の存在について全生涯苦しみ、作品は苦悩と戦いの連鎖だった。彼は明快で力強い節度のある天才プーシキンを崇拝した。プーシキン像除幕式での記念講演（一八八〇年）は、ロシア精神の発展の歴史での最も輝かしい、また最も重みのある事例だった」（一九三一年二月、ベオグラードのロシア研究所での講演）

▽日ソ、中国の相関関係

「いまボリシェビキの支配下にあるウラジオストクと、いま満州国の構成に入っているハルビンという二つの都市は距離がかなり近いところにある。ロシアの文化、ロシアの社会、ロシアの宗教は、これら二つの中心地のうちどちらでより良い状態にあるのか？

もちろん、異国の満州国もしくは日本の支配下にあるハルビンにおいてだ。まず第一に、ウラジオストクでは、ロシア正教の信仰と正教会は追い込まれ、迫害されている状態にある。ロシア文化の他のすべての文化も、ハルビンと総じて満州国では広範な自由を享受し、相対的に繁栄している。

筆者（ストルーヴェ）は極東での力の諸要素の相関関係を良く知っている。

事実を知っているあらゆる人に良く知られているように、シベリアだけでなく、満州国と日本自身によるロシアの辺境、すなわち極東の開拓は—気象条件によって—日本人にはまったく手がとどかない。従ってなんらかの危険がロシアの極東を脅かしているとしても、それは日本ではなくて、中国からの危険である。

ボリシェビズムは中国に共産主義を氾濫させ、この共産主義において中国と一体化しようと努めている。このボリシェビズムがはたして、中国のこの脅威からアジア部のロシアを安全にすることができるのか？

一方、日ソ戦争の可能性はきわめて大きい。日本は全世界で最もしっかりした、完全な軍隊を持っている。日ソ両軍の対峙は完全な政治的均衡の状態においてさえ危険だ。均衡がいささかでも破れる際には、この対峙は自動的に戦争に導く可能性がある。

その際、ソビエト・ロシアで行われている戦争の準備はそれが共産主義政権と赤軍にとってはいかに《当然なもの》であろうと、実は戦争の危険を高めているだけだ。米国によるソビエト政権の承認（一九三三年十一月）が、戦争の危険をまったく高めたのと同様に」（一九三四年三月「ロシアとスラブ人」）

レーニンも恐れた名将ウランゲリ

クリミア撤退で十四万人余を救う

ロシア国内戦史の大逆転を

レーニンも恐れた名将ウランゲリ

はじめに

二〇一七年のロシア革命百周年を前に、従来のロシア国内戦史の大逆転が必要である。旧ソ連でつくられた国内戦の歴史書と映画のほとんどは「勝てば官軍」の立場から、共産党政権に都合の良いように、一方的に事実を歪めていたからだ。それが《定説》のようになり、日本の歴史書と学校教科書にも強い影響を与え続けてきた。

本稿はそのことを念頭において、レーニンも恐れた名将ウランゲリ将軍の『回顧録』と、名著といわれる英国のロシア研究者チェンバリンの『ロシア革命 一九一七―一九二一』その他の関係書を参考に、ロシア国内戦の真実を究明しようとするささやかな試みである。

味わい深い劇「逃亡」を見て

ソ連で記録的なロングランを続けた芝居があった。不遇の作家ブルガーコフ作の「逃亡」である。スターリン死後の「雪どけ」の時期に初めて上演された。ブレジネフ時代（一九六四―八二年）には「望郷」という題名で映画化もされた。私は二度目・六年間のモスクワ勤務のときに、二つの劇場でこの劇を見た。映画も見ている。

これは革命後の国内戦（一九一八―二一年）で赤軍との戦いに敗れて、クリミア半島からコンスタンチノープル（現イスタンブール）に逃れた白軍将兵のその後の運命を描いた作品だ。主人公の勇敢な軍人が亡命生活への幻滅と故国への思いにかられて、帰国に踏み切るところで幕となる。この思想劇は悪夢を意味する「八つの夢」という形で、象徴的な舞台装置の中で進行する。場面の変転と筋の展開がダイナミックで、平凡な革命劇とはちがう味わい深い秀作だった。特に最初の場面では白軍の退却のあわただしさと、同行した民間人や政治家たちの赤軍に捕らわれることへの恐怖心が良く出ている。

これは実際にはウランゲリの率いる白軍将兵と、外国亡命を決意した民間人の物語である。将軍はこれ以上の抵抗は無益とみなして、大規模な撤退作戦を敢行した。多数の艦船を動員してクリミア諸港から、実に十四万五千六百九十三人（『ウランゲリ回顧録』）がコンスタンチノープルに無事到着した。軍の大量撤退の成功例としては、第二次世界大戦（一九三九－四五年）のときにチャーチル英首相の決断で行われたダンケルク撤退作戦がある。この作戦で三十三万八千人余りの英仏軍などの将兵が英国に上陸し生還した。

この撤退はナチス・ドイツと最後まで戦うというチャーチルの決意の表れだったが、ウランゲリ軍のクリミア撤退も共産党政権と戦いを続けるための脱出だった。撤退した約七万人の将兵はきびしい環境の三カ所の宿営地で訓練を続け、南スラブ族の国セルビア、ブルガリアなどに移った。レーニンはこの軍が黒海沿岸に再上陸することを恐れ、一九二〇年末の全ロシア・ソビエト大会で厳重に警戒するよう呼びかけた。

クリミアで画期的な土地改革

このレーニンと赤軍にとって最も恐るべき敵将だったピョートル・ニコラエビッチ・

ウランゲリ（一八七八―一九二八）は、典型的な軍人貴族である。沿バルト諸県でのドイツ人男爵家の一員だった。身長が一メートル八三センチもある堂々たる人物で、熱心なロシア正教徒。コサック（ドン、クバンなどロシア辺境の自由民の集団）の軍服を好んで着ていた。陸軍大学校を卒業し、日露戦争と第一次世界大戦（一九一四―一八年）に参加した。革命の年・一九一七年には混成騎兵軍団長だったが、《十月革命》後、別荘のあるクリミアに去り、赤軍による危険な迫害を受ける。一八年八月、義勇軍（白軍）に入り、軍団長に任命された。

デニキン将軍のロシア南部軍ではカフカス（コーカサス）方面軍司令官などを歴任したが、作戦をめぐってデニキンと対立して解任された。ウランゲリはツァリーツィン（のちにスターリングラード、次いでボルゴグラード）を攻略して、西進するシベリアのコルチャーク軍と連結するよう主張し、デニキンは炭田地帯ドンバス地域の占領に固執した。またデニキンはモスクワ攻略をめざして無理な進撃作戦を行って失敗、辞任して英国に亡命した。白軍幹部はこぞって二〇年三月、ウランゲリを後任の南部軍総司令官に選んだ。陸軍中将。彼は軍の厳正な規律の確立に努め、兵力、兵器でまさる赤軍をたびたび撃破した。勇敢で合理的な戦い方が特徴である。いったんは要衝ツァリーツィンを攻略するという戦果をあげている。しかし、本土での作戦の失敗でクリミアに退避した当時、白軍はひどい状態にあった。三─四万人の軍は敗北続きで士気が衰えていた。また英政府（自由党のロイド・ジョージ首相の連立政権）は白軍の武力闘争の継続を望まず、支援を打ち切ろうとしていた。一方、仏政府はウランゲリのロシア南部政府を事実上承認し、支援した。そうした中で将軍は昼も夜も働き、軍と行政を完全に再編成した。デニキン軍では規律がゆるみ、汚職がはびこっていたが、ウランゲリ軍では街頭で飲めや歌えやの大騒ぎをしていた将兵が公開処刑されるなどのきびしい措置がとられ、軍の戦闘精神は回復したという。

クリミアでのウランゲリの民政面の業績のうち、最も重要なのは土地改革である。それは正式の法律として具体化された。内容は「農民は自ら耕す一定の土地を世襲の私有財産として保有することになる。二十五年間にわたって農民は収穫の五分の一を支払い、政府はこの支払いの中から元の土地所有者に補償する」というものだ。この土地法は革命後の農民による大規模な土地収用を合法化している。帝政末期のストルイピン首相による改革より先に進んだ画期的な措置である。これは他の白軍首脳が土地改革を先送りして、農民の支持を得られなかった失敗に学んだものだ。二年も前に広い白軍地域で行われていたら良かったのに、もはや手遅れだった。土地改革では亡命先からあえて助けにきた帝政期の農相クリヴォシェインが、大きな貢献をした。

苦難の亡命生活、白軍再起の試み

ともあれ、ウランゲリ軍のクリミア撤退で、ロシアの国内戦は事実上終わった。これは世界史上、最悪の戦いの一つである。戦闘での死傷者のほかに、飢え、寒さ、伝染病でおびただしい死者が出た。ソ連政府の公的データでは、一九一八―二〇年に九百万人以上が死んだ。一九二一―二二年の大飢饉は五百万人ほどの生命を奪った（ロバート・コンクエスト著『悲しみの収穫』（邦訳・恵雅堂出版））。さらに共産党支配下のロシアから国外追放されたり、身ひとつで亡命した人々の数は、百五十万―二百万人と推定されている。国内戦による経済と国土の荒廃に加えて、ロシアの精神文化の精華と貴重な人材がともに失われたのだ。

亡命者の大半は独仏両国で苦難の生活を送った。米国、日本など世界各国にも散っていった。私たちが忘れてならないのは、亡命先で各党派の政治家と白軍の将軍、将校らが内部対立をかかえながらも、ソ連共産党の支配体制を終わらせる闘争を長期にわたってねばり強く続けたことだ。その中で最大の反共産主義団体は「ロシア全軍人同盟」だった。同盟は多くの国に部局と支部を持ち、初めはヨーロッパで、次いで米国と中国東北部のハルビンなどでさかんに活動した。同盟員の大部分は元将校で、一九三〇年代初めには四万人が登録されていた。

ウランゲリ将軍はこれらの政治闘争にも積極的にかかわり、ロシア解放の国民運動の長としてニコライ・ニコラエビッチ大公（帝政末期の最高総司令官。勇将として信望があった）を推戴した。しかし、ウランゲリは一九二八年に四十九歳の若さで亡くなり、次いで大公も死去した。これは運動には重大な損失だった。しかし、亡命先での白軍運動は「ロシア全軍人同盟」の議長となったクチェーポフ、ミルレル両将軍がそれぞれ突然跡かたもなく消えるという怪事件—ソ連秘密警察による拉致・殺害か—にもめげずに、頑強に続けられた。

白軍運動への誤解を晴らすとき

ロシアの国内戦から百年近くもたったいま、わが日本でも白軍運動をめぐるかずかずの誤解を晴らすべきときが来ている。旧ソ連では白軍は一律に帝政派だとされていた。しかし、歴戦の軍の重鎮で戦略家として知られたアレクセーエフ将軍は、ニコライ二世に退位を説得している。またコルニーロフが反乱失敗後に発表した政治綱領は階級的な特権の廃止、武力で解散させられた憲法制定議会の再招集を求めていた。帝政復活の要求はどこにも入っていない。さらに農奴出身の軍人の子であるデニキンともなると、もともと帝政派ではなく、自由主義政党・立憲民主党寄りだった。

一方、ウランゲリは侍従武官としてニコライ二世夫妻の身近にいたことがあり、心情的には君主制支持者であろう。しかし、亡命後の政治上の立場は「将来のロシアの政体は解放後に国民が決める」というものだった。白軍の元将校の多くも同様の立場だったとすると「白軍の勝利は帝政復活」という主張はなりたたない。

次に「赤軍の勝利は労働者階級と農民階級の支持を得たから」というのも、事実であろうか。たとえば農民はロシア国民の大多数を占める重要な住民層だが、彼らのうちの富裕層はレーニンによる富農撲滅政策の犠牲となった。中農その他も穀物強制徴発制によって、《余剰穀物》などの農産物を没収された。それは赤軍と都市労働者の政権支持層に振り向けられた。農民はこの徴発政策に反対して各地で暴動を起こした。

政権側にとって最も危険だったのは一九二〇－二一年に、モスクワ南東の豊かな農業県・タンボフ県で起きた「アントーノフの反乱」である。数万人の反乱軍が巧みなゲリラ戦を展開し、政権側は大兵力を投入してやっと鎮圧することができた。そのさい、ゲリラ隊員の家族を人質にとるなどの非常手段が用いられた。前記の国内戦での赤軍側の死者には、こうした農民との戦いで死んだ多くの兵士が含まれている。白軍側もまた農民の完全な支持は得られず、マフノの農民ゲリラに悩まされたが、「アントーノフの反乱」のようなものすごい戦いをすることはなかった。

このような双方の苦境の中から勝者として抜け出したのは、結局は赤軍だった。それは客観的な理由による。欧米の歴史家は一般に①赤軍がペトログラード、モスクワという中心地域を占めていた②膨大な武器・弾薬を確保③常に兵力と兵器が多かった④レーニンらの政治指導と宣伝の巧みさ⑤連合国の介入の不徹底－などをあげている。

つまり政権側は軍事工業を含む工業中心地を占め、白軍側は広大な地域から攻めのぼった。お互いに連絡を欠き、各個撃破された。また政権側は帝政政府が第一次大戦用に蓄積していた武器・弾薬の大半をおさえた。砲と機関銃でも常に優位にあった。さらに政権支配下の住民は非常に多く、白軍地域の人口はわずかだった。従って兵力数と徴兵数では赤軍がずっとまさっていた。さらに白軍が一般に政治をきらい、軍の指揮に専念しがちだったのに対して、レーニンらは国内戦も政治闘争とみなして政略と住民への政治宣伝に力を注いだ。最後に世界大戦後の国際厭戦世論と対ソ貿易という実利が、連合国による大規模な軍事介入を困難にした。英政府閣僚で軍事介入を強く主張したのは、チャーチルだけだったという。

なお、一九二〇年に突発したロシアの共産党政権の独立ポーランドとの戦争は、ウランゲリ軍には全面反攻の好機到来だった。しかし、両国間には休戦協定が成立、赤軍の大軍がクリミアをめがけて総攻撃をはじめた。たびたび本土に出撃して戦果をあげていたさしものウランゲリ軍も三重の防衛線を突破され、再起を期しての撤退となったのだ。

ウランゲリ関係の将軍その他

▽アレクセーエフ（一八五七―一九一八）
兵士の家庭に生まれる。モスクワ歩兵士官学校、陸大卒。ロシア・トルコ戦争、日露戦争、第一次世界大戦に参加。大戦当初から各方面軍の総司令官をへて、一九一五年八月に最高総司令官の参謀長。歩兵大将。一七年の二月革命のさいにニコライ二世に退位するよう説得した上級指揮官の一人。

一七年四月、臨時政府によって最高総司令官に任命。八月のコルニーロフ反乱の失敗後、反乱参加者たちを懲罰から救おうと試みて、最高総司令官となったケレンスキー首相の参謀長の職務を引き受けたが九月に辞任。《十月革命》後はロシア南部で義勇軍を編成し、一八年八月その「最高指導者」となったが病死。

▽コルニーロフ（一八七〇―一九一八）

元コサック将校の家庭に生まれる。陸大卒。日露戦争と第一次世界大戦に参加。師団長、陸軍中将。一九一五年四月捕虜となったが脱走し、名声を得る。二月革命後の一七年三－四月ペトログラード軍管区総司令官、四月から南西戦線に転じ、七月に同戦線軍総司令官、次いでロシア軍の最高総司令官となる。歩兵大将。

「コルニーロフ反乱事件」のあと解任、逮捕されたが、《十月革命》の直後に参謀長ドゥホーニン将軍の命令で釈放。ドン地方に向かい、アレクセーエフ将軍とともに義勇軍を率いた。一七年十二月から義勇軍司令官。エカテリノダール攻撃のさいに赤軍の砲弾を受けて戦死。

▽**デニキン（一八七二－一九四七）**
農奴出身の軍人の家庭に生まれる。陸大卒。日露戦争と第一次世界大戦に参加。一九一六年九月から第八軍団長、一七年二月に最高総司令官参謀次長、五月、西部戦線軍総司令官。「コルニーロフの反乱」後に逮捕されたが釈放。南部のノヴォチェルカースクに向かい、義勇軍の結成に積極的に参加。

一八年八月に義勇軍司令官、一九年にはロシア南部軍全体の指揮を引き受けた。同総司令官、陸軍中将。しかし、モスクワ攻略を目指す進撃作戦は失敗。また軍の規律のゆるみと汚職を放置した。二〇年に辞任して英国に亡命。第二次大戦後まで生きて国内戦の記録『ロシア動乱史』（全四巻）を刊行した。

▽コルチャーク（一八七四―一九二〇）

海軍砲兵将校の家庭に生まれる。海軍兵学校卒。長距離遠洋航海と極地探検で知られる。日露戦争では駆逐艦長、旅順での砲台長。第一次世界大戦ではバルト艦隊作戦部長をへて、一九一六年七月から黒海艦隊司令官。二月革命後ペトログラードに召還され、英米両国に出張。

国内戦中の一八年十月に西シベリアのオムスクに到着、執政府によってつくられた内閣に陸海軍相として入閣。クーデターを行って独裁体制を樹立、「ロシア国家の最高統治者」の称号を得る。二〇年一月まで最高総司令官。白軍壊滅のあと、チェコ軍団に逮捕され、最後には共産党の革命委員会に引き渡されて銃殺された。

▽ユデニッチ（一八六二―一九三三）

六等官の家庭に生まれる。陸大卒。一九一二年からカザン軍管区、次いでカフカス軍管区参謀長。一四年からカフカス戦線軍総司令官。《十月革命》後、フィンランドに、次いでエストニアに亡命。一九一九—二〇年、ロシア北西部白軍総司令官。ペトログラードへの進撃作戦で敗れ、残存部隊とともにエストニアに退却し亡命。

▽クラスノフ（一八六九—一九四七）

陸軍中将の子。士官学校卒。第一次世界大戦に参加。《十月革命》のとき革命鎮圧のためペトログラードに進撃した方面軍の司令官だったが、この作戦は失敗。ドン地方に向かい、一八年五月ドン軍首長に任命されたが、一九年二月デニキンとの意見のちがいで辞任。騎兵大将。国内戦のあと亡命。ナチス・ドイツ軍と協力し、第二次大戦後にソ連で処刑された。

▽ペトリューラ（一八七九—一九二六）

ウクライナの軍事・政治指導者。一九一七年五月から全ウクライナ軍隊委員会議長、事実上の軍事相などを歴任。ウクライナ人民共和国軍首長（一八年）、執政府議長（一九年）をへて、執政府軍の壊滅後、ポーランドに逃れた。パリ亡命中に暗殺。

▽カレーディン（一八六一―一九一八）

コサック。陸大卒。第一次世界大戦では一九一六年三月から南西戦線第八軍司令官だったが、二月革命後の一七年五月に解任。六月にはドン・コサック軍首長（首長は軍、警察、行政を統括）に選出された。十月には共産党政権と戦うためドン軍の編成に着手したが、一八年一月に全権を返上してピストル自殺をとげた。戦いの前途を悲観したのであろう。

▽クルイモフ（一八七一―一九一七）

七等文官の子。陸大卒。日露戦争と第一次世界大戦に参加。一九一五年三月からウスリー騎兵旅団長、次いで同師団長、一七年四月から第三騎兵軍団長。中将。「コルニーロフの反乱」のさいにペトログラードへの進撃作戦に失敗して自殺。

▽ドゥホーニン（一八七六―一九一七）

陸大卒。一九一七年六月から南西戦線参謀長、西部戦線参謀長、最高総司令官参謀長を歴任。ケレンスキー首相の逃亡後、最高総司令官となったが、《十月革命》で成立した人民委員会議（ソビエト政府）によって解任。一七年十一月、拘禁中のコルニーロフその他の釈放を命じた翌日に、モギリョフ（ニコライ二世の大本営があった）駅で兵士の群れによって惨殺された。

▽ルコムスキー（一八六八－一九三九）
貴族の家庭に生まれる。陸大卒。二月革命後、最高総司令官参謀長。「コルニーロフの反乱」を支持して逮捕されたが釈放。南部で義勇軍の編成に参加。一七年十二月末、コルニーロフによって参謀長に任命された。一九年十月からデニキン南部軍総司令官のもとで特別会議の議長、その廃止後は「ロシア南部政府首相」に任命された。二〇年十一月に亡命。

▽ロマノフスキー（一八七七－一九二〇）
将校の家庭に生まれる。日露戦争と第一次世界大戦に参加。一九一七年に第八軍参

謀長。「コルニーロフの反乱」の組織者の一人。投獄されたが釈放され、ドン地方で義勇軍の編成に加わる。一八年一月末から義勇軍参謀長、一九年二月―二〇年三月、南部軍総司令官参謀長としてデニキンを補佐。陸軍中将。コンスタンチノープルに亡命した直後に、ロシア大使館で過激派将校によって射殺。

▽ヴェルホフスキー（一八八六―一九三八）

日露戦争と第一次世界大戦に参加。一九一七年七月にモスクワ軍管区司令官。コルニーロフ支持を断り、八月に臨時政府陸海軍相。戦争停止を支持して辞任し、《十月革命》後、赤軍に入る。労農赤軍軍事大学で教え、中将に相当する兵団長の肩書きを得たが、大粛清の時期に銃殺刑。スターリン死後に名誉を回復。

▽マフノ（一八八九―一九三四）

農民の子。ウクライナ農民運動の指導者。無政府主義者。農民の代表としての立場から、ウクライナ民族派のペトリューラの軍やデニキン、ウランゲリの白軍と戦う。その戦闘では赤軍とも協力。しかし、一九一九―二一年には共産党政権の穀物徴発政策に反対して赤軍と激しく戦い、双方に数万人の犠牲者を出した。二一年夏にはマフノは赤軍に追われ、ルーマニアをへてパリに亡命。『回顧録』（全三巻）などの著作がある。

（注）将軍たちの略歴はミリュコフ著『第二次ロシア革命史』の巻末の要人一覧を参考にした。

年表／参考文献

ロシア史（年表）

882　建国（キエフ・ルーシ国）
988　東方正教を国教に（ロシア正教）
1236～1480　タタール人の支配
1533　イワン雷帝即位、東方進出
1682　ピョートル大帝即位、ロシア帝国
1812　祖国戦争、ナポレオン軍を撃退
1825　デカブリストの乱
1861　農奴解放。「大改革」始まる
1883　プレハーノフらが「労働解放団」
1895　レーニン、マルトフらが「労働者階級解放闘争同盟」
1904～05　日露戦争
1905～07　革命騒乱。05「十月宣言」
1914～18　第1次世界大戦
1917　2.27　「二月革命」で帝政終わる
10.25　ボリシェビキ党が武装蜂起で臨時政府を打倒
10.26　レーニン首班の人民委員会議（ソビエト政府）発足
1918～21　国内戦。生産激減、荒廃と飢え
1919　コミンテルン（共産主義インターナショナル）

結成
1921～28　ネップ（新経済政策）
1922　スターリンが党書記長に。ソビエト連邦成立
1924　レーニン死去。スターリンが権力者に
1928　第1次5カ年計画。工業化と農業集団化に着手、ふたたび大飢饉へ
1936～38　大粛清。各界要人が大量処刑、ラーゲリ（強制労働収容所）網が全土に拡大
1939～45　第2次世界大戦
1941～45　ソ連は独ソ戦に勝つ。中欧・東欧の共産化に着手、戦後「冷戦」が始まる
1950～53　朝鮮戦争、韓国武力併合に失敗
1953　スターリン死去
1953～64　フルシチョフ第1書記の時代。
1956　スターリン批判秘密報告、共産圏ゆらぐ
1964～82　ブルジネフ政権。
大軍拡と対外進出、中ソ対立。停滞と汚職の広がり
1985～91　ゴルバチョフ時代。改革路線に守旧派が抵抗
1991.8　守旧派首脳がクーデター。失敗し、ソ連共産党解散
12　ソ連が解体、ロシア連邦が継承

1992 ～ 2000　エリツィン大統領の時代。失政で経済悪化

1993　ロシア連邦憲法、大統領に強い権限

2000.5 ～　プーチン大統領の政権。（2008 ～ 2012 はメドベージェフが大統領、プーチンが首相、2012 から再びプーチン大統領）　全面的刷新と現代化によってロシアを世界を指導する強大国にすることを目指し、事実上、強権専制統治を行う。

独露社民党史（年表）

1789　フランス大革命はじまる
1830　フランス７月革命
1848　フランス２月革命、ドイツその他に波及、マルクスが「共産党宣言」
1869　ドイツ社会民主労働者党結成（1890 に社会民主党と改名）
1878～90　ビスマルク首相が社会主義者鎮圧法
1889　パリの国際社会主義者大会で第２インターナショナル成立
1898　ロシア社会民主労働党が第１回大会
1903　同党は第２回大会でボリシェビキ、メンシェビキ両派に分裂
1905～07　ロシアで革命騒乱（失敗）
1917　２月革命で帝政が終わり、10 月武装蜂起でレーニン首班の共産政権
1918　ドイツ帝国は第１次世界大戦で敗北、ドイツ各地で革命騒乱、労兵評議会。独立社民党左翼のローザ・ルクセンブルクらが共産労働党（スパルタクス団）を結成
1919　彼女とカール・リープクネヒトは殺害、ワイマール共和国発足、レーニンは共産主義インターナ

ショナル（コミンテルン）を創立
1933　ヒトラー内閣成立、社民党など禁止
1951　社会主義インターナショナル（民主社会主義諸党の連合体）結成
1959　ドイツ社民党がバート・ゴーデスベルク綱領を採択
1966～69　キリスト教民主・社会同盟と大連立政権
1969　自由民主党との小連立内閣、1982まで
1998～2005　シュレーダー首相が「緑の党」と連立内閣
2013～　キリスト教民主・社会同盟と大連立政権

主な参考文献

◇ストルーヴェの著書（ロシア語原書）

『ストルーヴェ選集』、「ロシア政治百科事典」出版社、1999 年、472 ページ

『精神と言葉　ロシアと西欧の文学に関する諸論文』、YMCA-PRESS、パリ、1981 年、383 ページ

『政治家の日記（1925 ～ 1935 年）』、モスクワ「ロシアの道」出版社、パリ YMCA-PRESS 出版社、2004 年、872 ページ

『ロシアの経済発展に寄せる批判的覚書』、サンクトペテルブルク、1894 年

◇ロシア思想について

『ロシア革命批判論集Ｉ』、長縄光男、御子柴道夫監訳、現代企画室、1991 年

◇バークについて

『バーク政治経済論集　保守主義の精神』、中野好之編訳、法政大学出版局、2000 年 2 月（1156 ページにのぼる大著。バークの有名な演説と書簡が収められ、略年譜、文献一覧が付されている。高価だが、バークの全容が良く分かる）

◇ロシア社民党について（ロシア語原書）

『政党と人物にみるロシア政治史』、TEPPA 出版社、モスクワ、1993 年

ボリス・オルロフ著『学問研究の対象としてのロシア社民党』、ロシア科学アカデミー・社会科学学術情報研究所、モスクワ、2000 年

A・ネナロコフ『パーベル・アクセリロードの最後の亡命』モスクワ、АИРО‐XX出版社、2001 年

◇プレハーノフについて（日本語への翻訳書）

『マルクス主義の基本的諸問題』、プログレス出版所、モスクワ、1978 年

西牟田久雄、直野敦訳『歴史における個人の役割』、未来社、1976 年

川内唯彦訳『改訳、史的一元論』（岩波文庫上下）、1963 年

サミュエル・H・バロン『プレハーノフ　ロシア・マルクス主義の父』白石治朗ほか訳、恒文社、1978 年

◇ドイツとロシアの社民党について（ロシア語原書）

イリヤ・ウリーロフ『ロシア社会民主主義（メンシェビズム）の歴史』、モスクワ、「ラリチェート」出

版社、2000 年
『ロシアとドイツの社民党の相互支援の歴史的経験』、モスクワ、「ロシア社会・民族問題独立研究所」、1998 年
（ロシアとドイツの学者のシンポジウムでの諸報告を集録）

◇ポトレソフとニコラエフスキーについて

『A. H. ポトレソフ選集』、モスクワ、「モストルグアルヒフ」出版社、2002 年（ニコラエフスキーのポトレソフ伝『A. H. ポトレソフ　文筆的・政治的な伝記の試み』が収録されている）
百科事典『19 世紀末－ 20 世紀 3 分の 1 年のロシアの諸政党』、モスクワ、「ROSSPEN」出版社、1996 年
『19 世紀－ 20 世紀のロシアの哲学者たち　伝記、思想、著作』、モスクワ、「本とビジネス」出版社、**1995 年**

◇日本語の著書

須藤博忠『ドイツ社会主義運動史』、日刊労働通信社、昭和 43 年（1018 ページの大著。ドイツ社民党の歴史、党勢、綱領などの基本文書と同党のマルクス

主義から民主社会主義への進化をくわしく紹介した貴重な力作）
佐々木力『マルクス主義科学論』、みすず書房、1997年

〈著者紹介〉

鈴木　肇（すずき・はじめ）

昭和２年	東京に生まれる。
昭和26年	早稲田大学ロシア文学科を卒業し、産経新聞社に入社。外信部でソ連問題を担当（在社は平成２年まで）。
昭和41～44年	モスクワ支局長。
昭和56～62年	ふたたびモスクワ支局長。
昭和63年	論説委員。
平成２～９年	東京家政学院筑波短大国際教養科教授。
平成６～９年	同国際教養科長。
平成９～14年	平成国際大学法学部教授。退職後名誉教授

専攻　ロシアの思想と文化、特に自由主義と社会主義の歴史。

主な著書　『ソ連共産党』（教育社）
『ソ連反体制知識人』（教育社）
『素顔のモスクワ』（日本教文社）
『ロシア自由主義』（イセブ）
『人物ロシア政治・文化史』（イセブ）
『解禁史料の新レーニン伝』（イセブ）
『人物ロシア革命史』（恵雅堂出版）
『不滅の敗者ミリュコフ』（恵雅堂出版）

レーニンの誤りを見抜いた人々
－ロシア革命百年、悪夢は続く－

2014年11月30日　初版第1刷発行
2015年 3月30日　第2刷発行

著　者　©鈴木　肇
発行者　麻田　平草
発行所　恵雅堂出版株式会社

〒162-0053
東京都新宿区原町 1-28
電話　03-3203-4754
振替　00120-0-78413
http://www.keigado.co.jp

Printed in Japan
落丁、乱丁本はお取り替えいたします。

ISBN 978-4-87430-039-8　C 0236